Colección

AguaÊviva

Entrevista a Antonia Salzano y
Andrea Acutis a cargo de
Giorgio Maria Carbone O.P.

Transmitir la fe de nuestro hijo Carlo Acutis

EDIBESA

TRANSMITIR LA FE DE NUESTRO HIJO CARLO ACUTIS

© Entrevista a Antonia Salzano, Andrea Acutis y Giorgio Maria Carbone O.P.

Traducción: Javier Delgado Martínez

© SAN ESTEBAN EDITORIAL –EDIBESA 2025

© EDIBESA 2025
Sede social y ediciones
Plaza de Concilio de Trento, s/n. 37001 Salamanca
Telf.: 923 26 47 81

Administración y comercialización
C/ Juan de Urbieta, 51 28007 Madrid
Telf.: 913 45 19 92
Email: info@edibesa.com

ISBN: 978-84-19640-67-3
Depósito legal: M-8448-2025

Diseño y maquetación: Susana Folgado Hernández
Diseño de cubierta: Helvética edición y diseño

Impresión: Gráficas Dehón

IMPRESO EN ESPAÑA –PRINTED IN SPAIN

Una traducción del título: *Trasmettere la fede alla scuola di nostro figlio Carlo Acutis*
© 2024, Edizioni Studio Domenicano, via dell'Osservanza 72, 40136 Bologna, Italia,
www.edizionistudiodomenicano.it

Índice

1. Transmitir la fe [...]
   ¿no os parece presuntuoso querer transmitir la fe? 7
2. La fe nace del mensaje que se escucha [...] ¿qué lugar ha ocupado
   en el día a día de Carlo la Palabra de Dios? 13
3. ¿También la creación es un modo [...] mediante el que Dios
   revela algo de sí mismo al hombre? 14
4. ¿La fe tiene la capacidad de cambiar la existencia concreta? 15
5. ¿Cuáles son los signos que apuntan ahora a la
   santidad de Carlo? 16
6. ¿Un santo habla siempre de cosas santas o habla de cualquier
   cosa, pero de manera santa? 18
7. Estando en contacto con un santo, de alguna manera,
   se experimenta reflejada su acción. ¿Qué os ha enseñado
   a vosotros Carlo? 19
8. ¿Qué pedía Carlo en la oración? 20
9. ¿Una fe sin tapujos? 21
10. ¿Tenía Carlo algún método o "truco" para trasmitir su fe? 24
11. ¿Algún aspecto del carácter de Carlo que lo predisponía a educar
    en la fe con facilidad? 25
12. Sorprendido por la entereza ante su dolor y por la serenidad
    olímpica que emanaban sus palabras. ¿Cómo os lo explicáis?....26
13. En su recuerdo floreció la voz de Carlo................................29

14. Fe y amistad: ¿la oración para los amigos?...................30

15. «Un paso en la fe es un paso más hacia el ser y un paso menos hacia el tener». ¿Qué significado le daba Carlo?...................33

16. En los primeros años de vida de Carlo, usted, Antonia, tenía una fe inmadura, y si usted, Andrea, no frecuentaba la Iglesia, ¿quién trasmitió los primeros rudimentos de la fe a Carlo?...................34

17. ¿Cómo os arrastró Carlo a la fe? 37

18. ¿Carlo tenía un programa de vida?...................39

19. Carlo tenía muy clara la diferencia entre desapego cristiano y desprecio...................50

20. La fe sin las obras está muerta […] ¿cómo vivía Carlo la caridad hacia el prójimo?...................52

21. ¿De qué manera vivía Carlo la relación entre dolor inocente y fe?...................60

22. ¿Cómo había madurado Carlo este sentido tan cristiano del dolor y el sufrimiento? 62

23. ¿Podríais comentar algo sobre oración de Carlo? 65

24. ¿La oración de Carlo qué relación tenía con la Eucaristía?...................71

25. ¿Recordáis otras cosas que decía Carlo sobre la Eucaristía?...................73

26. ¿La transustanciación? 84

27. Participar en la misa todos los días y adorar la Eucaristía... 87

28. Los sacramentos son seis más uno (la Eucaristía). ¿De los otros seis qué decía? 96

29. Una fe contagiosa, entusiasta 100

30. El camino en la fe de Cristo no es nunca solitario, es un camino que se hace juntos. Vosotros como padres habéis participado, pero ¿cómo? 105

31. ¿Hay algún rasgo humano de Carlo que haya contribuido a volver su fe contagiosa? 114

32. «Cada minuto que pasa es un minuto menos que tenemos a disposición para santificarnos». 116

33. ¿Podéis recordar algo más sobre sus otras virtudes en la vida cotidiana? 118

34. Preguntas incómodas […] la ira de Dios 123

35. Opinión errónea, pero extendida... de que el infierno esté vacío... ¿qué efectos tiene en la vivencia de la fe? 125

36. Además de los deportes que habéis recordado, ¿Carlo tenía más pasatiempos? 127

37. Carlo fue catequista..131

38. Entusiasta, vivaz, obediente y libre... ¿Obediente y también libre y vivaz? 132

39. Marco general de referencia... 137

40. ¿Es el matrimonio importante en el proceso educativo? 145

41. ¿Tenéis un modelo educativo particular que os ha inspirado? 149

42. ¿Podéis sugerir algún consejo para educar a los jóvenes cristianamente? 152

Los autores 160

Itinerarios de fe 161

Las Flechas...164

1. TRANSMITIR LA FE [...] ¿NO OS PARECE PRESUNTUOSO QUERER TRANSMITIR LA FE?

Trasmitir la fe a las nuevas generaciones es el título que hemos elegido para estas páginas. Empiezo con una provocación. Jesús dice: Nadie puede venir a mí si no lo atrae el Padre que me ha enviado (Jn 6,44). *Seguir a Cristo —que es la substancia de la fe— es una iniciativa del Eterno Padre. Y por esto, ¿no os parece una presunción querer trasmitir la fe?*

También desde nuestro punto de vista la expresión "trasmitir la fe" requiere de muchas aclaraciones.

Nuestro mayor empeño no es trasmitir la fe sino vivirla con coherencia. Somos por encima de todo creyentes, es decir, discípulos que nos ponemos a escuchar. Seguimos los pasos de Cristo y buscamos sobre todo vivir en comunión de vida con Él. Como consecuencia, si somos fieles a Cristo, seremos también testimonios y trasmitiremos la fe casi espontáneamente.

Jesús preguntaba a sus discípulos: *Y vosotros, ¿quién decís que soy yo?* (*Mt* 16,14). Nuestra fe tiene su origen en el encuentro personal con Cristo, en el hecho de que nosotros hoy y cada día respondamos personalmente a esa misma pregunta que Jesús les hace a los Doce. Y aunque no respondamos con las mismas palabras de Pedro —*Tú eres el Mesías, el Hijo del Dios vivo* (*Mt* 16,16)— lo decisivo es responder: Tú, Jesús, eres el Señor, eres Dios, te amo y te doy gracias.

Viviendo la fe en concreto, en nuestro día a día (una manera muy sencilla es rezar juntos en familia), nos volvemos *luz del mundo* (*Mt* 5,14), es decir, el conocimiento que Dios nos da de sí mismo empieza a iluminar nuestra vida cotidiana. También nos volvemos —por utilizar siempre las palabras de *Mateo* 5,13-

sal del mundo, es decir, el conocimiento que Dios nos da de sí y de todo lo creado comienza a dar sabor a nuestra realidad.

Ser luz y sal son también una metáfora de nuestro empeño en querer ser padres: cooperando con Dios que es quien da la vida, generamos a los hijos. Y también cooperando con Dios los generamos a la vida en comunión con Él. Los hijos no nos pertenecen, son de Dios, que nos los confía para hacerlos madurar en la fe. La primera cosa que miran los hijos, incluso siendo pequeños, es si somos coherentes con lo que creemos. Si el niño nota alguna incoherencia la hace notar rápido a sus padres. Es verdad que la coherencia a la hora de vivir la fe puede ser agotadora, pero todo lo bello y duradero requiere empeño constante y capacidad para vencer al cansancio. Sin cansarnos, sin desalentarnos, nos fiamos de Dios en la certeza de que Él es omnipotente y que con su gracia nos precede siempre.

Usted en la pregunta ha citado *Juan 6,44: Nadie puede venir a mí si no lo atrae el Padre.* Aquí podemos vislumbrar dos aspectos clave. En primer lugar, la iniciativa del Padre: es el Padre el que llama a la fe. La llamada a esta virtud tan importante se percibe como atracción. La fe –como todas las virtudes teologales– es un regalo que proviene de Dios. Creer significa conocer lo que Dios conoce de sí y de la creación. Significa participar en el conocimiento del que procede el amor a sí mismo y a la creación. Sólo Dios puede regalar la fe y este regalo se ofrece a todas las personas. El drama es que muchos lo rechazan, no lo aprecian o ni siquiera se dan cuenta del regalo.

Dios llama a todos a la fe. Ser llamados a la fe significa que Dios introduce nuestra inteligencia en la misma prospectiva desde la que Él ve cualquier cosa: de la misma manera en que nos crea, nos llama a la fe y a la comunión de vida. Desde nuestro punto de vista esta llamada significa quedar atraído, es decir, fascinado y golpeado por el amor misericordioso del Padre que se revela en la vida y el rostro de Cristo.

Por ejemplo, el apóstol Pablo confiesa abiertamente: *No es que ya lo haya conseguido o que ya sea perfecto: yo lo persigo, a ver si lo alcanzo como yo he sido alcanzado por Cristo* (*Flp* 3,12). La fe, o bien como adhesión de mi inteligencia a Dios que se revela a sí mismo, o bien como fe vivida en las obras, es siempre una respuesta al descubrimiento del amor de Cristo.

Sin embargo, a muchos padres trasmitir la fe les parece una misión imposible, utópica. Es cierto que si miramos al mundo en el que vivimos donde todo parece remar en contra del Evangelio, uno acaba por desanimarse. Sobre todo, si confiamos mucho en nosotros mismos y no nos fiamos de Dios pidiéndole ayuda, el resultado no será nunca satisfactorio. No tenemos que desanimarnos por nuestros límites y nuestras caídas, tenemos que caminar seguros con la certeza de que en Dios todo es posible. Pidamos ayuda a Jesús. Sabemos que trasmitir la fe es una empresa sobrenatural que necesita de medios sobrenaturales. Dios nos ama a cada uno de nosotros personalmente, sabe que le necesitamos. Vayamos a llenarnos las manos con sus tesoros; no, mejor, acojamos al Autor mismo de la gracia que se ofrece a nosotros en la Santísima Eucaristía y Él nos dará el resto.

El cosmos tiene como principio la Eucaristía, primus en intención, *ultimus* en ejecución, en la plenitud de los tiempos. Como dice el Papa Francisco en la encíclica *Laudato si'*: «El Señor, en el colmo del misterio de la Encarnación, quiso llegar a nuestra intimidad a través de un pedazo de materia. No desde arriba, sino desde adentro, para que en nuestro propio mundo pudiéramos encontrarlo a él».

Desde el inicio los hombres han estado unidos y orientados a la Eucaristía. El pecado ha interrumpido, pero no ha roto, el programa eucarístico de Dios. En todo el universo el orden y la armonía, los entes, tienen como punto de convergencia el Santísimo Sacramento. Sus dimensiones son cósmicas y no se puede comprender toda la extraordinaria riqueza y variedad del universo si se prescinde de ella. Toda familia que vive y se nutre de la Eucaristía adopta simbólicamente a Jesús y lo lleva a vivir en la propia casa. Para ellos se volverá la autopista al Cielo.

La Eucaristía desvela y perfecciona las razones de la vida. Es, sí, misterio de la fe; pero también razón de fe, maravilloso ambiente de fe, substancial argumento de fe, síntesis de fe, esperanza y caridad. Puede parecer extraño, pero no tiene un puesto específico, porque si lo tuviese sería siempre algo parcial y limitado. Si tuviese un puesto querría decir que ocuparía un determinado espacio en un determinado contenedor. Sin embargo, no lo tiene porque es Vida y por esto su puesto es en cualquier lugar, es el todo. En el todo, justo ahí encuentra donde desplegarse con toda su realidad y funcionamiento. Este todo es lo existente tal como se presenta, es decir, en su entidad, que puede documentarse y descubrirse; y en su misterio que también hay que tener en cuenta. El Santísimo Sacramento ejercita en todo esto su dominio que no será nunca un predominio. Su hábitat natural es la Vida.

¿Cuáles son las obras materiales que le interesan? ¿Qué se entiende aquí por obra material? Todo el conjunto de las estructuras que tienen que ver con las cosas tangibles, en particular los ambientes donde la Eucaristía tiene su habitual y regular lugar, como iglesias o capillas. En esta alianza entre hombre y naturaleza encontramos una interesante combinación de materia y forma. Casi que nos lleva a pensar en la intuición aristotélica. Jesús lo ha querido así. Son esenciales el pan de trigo y el vino de las vides. El programa de Dios desde la creación es claro: la Eucaristía está ya en su pensamiento. En este principio del tiempo, pensó en ella cuando creó los elementos que debían constituir el trigo y la vid. Podemos afirmar que el cosmos tiene como inicio la Eucaristía, *primus* en intención, *ultimus* en ejecución. Quizás estoy diciendo cosas más grandes que yo. Los astros que desde hace miles de millones de años giran por el cielo, las tempestades astrales que agitan el universo, los agujeros negros que suscitan tanta curiosidad y crean tantas expectativas, están indicando que el diseño y el programa del Señor apuntaban hacia la Eucaristía.

¡Este es el misterio escondido en los siglos! Las iglesias, los sagrarios, los cálices sagrados son como la voz escondida del cosmos que se hace oír y se interpreta en este preciso sentido: estas obras materiales encierran lo más espiritual y misterioso que se pueda imaginar. Se nos presentan con ladrillos, mármol con oro y plata, con facturas simples o artísticas. Pero en realidad resuenan con el cosmos, señalan todos los secretos del universo y se refieren a la obra de Dios que apuntaba ciertamente a esto: a darnos la Eucaristía que es el centro de todo y debería serlo de todos.

Ante una realidad de este tipo y de tanto valor, la Iglesia, desde el Papa hasta el último cristiano, se debería estremecer siempre de alegría y concentrar en la Eucaristía sus esfuerzos de evangelización y a ella referirse en todas las situaciones. Debería ser su idea obsesiva. La Eucaristía es el centro de los tiempos. Las horas giran en torno a ella. ¿Qué significa? El cristiano que ha hecho la primera comunión y otras comuniones está llamado a decidir entendiéndolo y queriéndolo en su plena facultad, si planifica su vida en clave eucarística, es decir, consagrada. La Eucaristía debería de volverse el punto de referencia de su manera de pensar, hablar y actuar y también de la unidad de medida de sus relaciones con el resto. Sólo así su existencia experimentará el punto de inflexión necesario para encaminarse hacia la verdadera meta que es el Cielo.

Es necesario que en las familias haya un acuerdo para situarla en el centro. Con familias orientadas de esta manera, aunque no sean muchas, se podrá influir en la comunidad parroquial. De ellas resplandecerá de manera muy especial lo que se manifiesta y tiene lugar en la propia unidad familiar. La parroquia si quiere funcionar y ponerse como centro espiritual tiene que conseguir unir familias eucarísticas que serán el fermento que hará subir toda la masa durante toda la vida. Haciéndolo así los centros parroquiales se volverán cada vez más centros de atracción y de empuje. Las Misas, las homilías, las confesiones, los varios y variados grupos respirarán un aire nuevo y se reforzará la vida comunitaria, como cuando San Pablo escribió en los *Hechos de los Apóstoles* que eran una sola alma y un solo corazón.

2. LA FE NACE DEL MENSAJE QUE SE ESCUCHA [...] ¿QUÉ LUGAR HA OCUPADO EN EL DÍA A DÍA DE CARLO LA PALABRA DE DIOS?

Así, pues, la fe nace del mensaje que se escucha, y la escucha viene a través de la palabra de Cristo. Pero digo yo: ¿Es que no lo han oído? Todo lo contrario: A toda la tierra alcanza su pregón, y hasta los confines del orbe sus palabras (Romanos 10,17-18). Fides ex auditio: *La fe pasa de persona en persona mediante la escucha de la palabra de Dios. El apóstol Pablo hace referencia inmediatamente a la predicación. Pero antes de hablar de predicación, pregunto a Antonia ¿qué lugar ha ocupado en el día a día de Carlo la Palabra de Dios?*

A Carlo de pequeño le encantaba leer la Biblia ilustrada para niños. Cuando ya era adolescente, meditaba todos los días un fragmento, sin importar lo corto o largo que fuese. A veces lo copiaba en un trozo de papel para memorizarlo. Así se volvía su luz, su brújula durante aquel día, su manantial de meditación continua. Carlo sabía lo que enseña la Iglesia: que hoy Dios nos habla a través de la Tradición y las Sagradas Escrituras. Recuerdo uno de los maravillosos pasajes de la *Dei Verbum*, la Constitución del Concilio Vaticano II sobre la revelación divina: *Esta sagrada tradición y la Sagrada Escritura de ambos Testamentos son como un espejo en que la Iglesia peregrina en la tierra contempla a Dios, de quien todo lo recibe, hasta que le sea concedido el verbo cara a cara* (§ 7).

3. ¿TAMBIÉN LA CREACIÓN ES UN MODO [...] MEDIANTE EL QUE DIOS REVELA ALGO DE SÍ MISMO AL HOMBRE?

¿También la creación es un modo, más bien, el primer modo mediante el que Dios revela algo de sí mismo al hombre?

Sin duda. De hecho, se habla de revelación cósmica. Es aquella que Dios ofrece a todas las generaciones humanas, incluso primero e independientemente de la revelación histórico-bíblica. La revelación cósmica nos permite conocer que existe y también algo de su poder y su providencia. Es el fundamento del diálogo entre religiones. Pero no nos lleva a descubrir el rostro de Dios, es decir, Jesucristo. Y cuando decimos que Dios nos habla a través de la creación equivale a decir que Dios nos habla a través de los hechos de la vida cotidiana. Los hechos son realidades que se encuadran dentro de la creación.

A mí, Antonia, me encanta comparar la fe a un faro: como el faro ilumina la noche más oscura y permite al que está en el mar llegar a la meta deseada, así la fe ilumina los aspectos más oscuros, lúgubres y difíciles de la existencia. También una muerte como la de Carlo, que el mundo puede juzgar prematura, se desveló como una gracia a la luz de la fe. Sin el faro de la fe andamos a tientas en la noche, todo cae en la oscuridad, en el sin sentido, en el absurdo. Con el faro de la fe empezamos a vislumbrar un puntito en el horizonte, descubrimos que cada realidad, aunque sea muy pequeña, trágica y dolorosa; forma parte del diseño de la salvación de Dios, que quiere siempre sólo nuestro bien. Descubrimos que también las dificultades no son nada respecto a lo que nos espera: la vida eterna.

Carlo solía decir: «Con la muerte pasaremos de ser orugas a mariposas». Esta es la perspectiva del creyente, tener el objetivo fijo en la vida que Dios nos ha prometido y de la que Jesús nos ha hecho merecedores.

4. ¿LA FE TIENE LA CAPACIDAD DE CAMBIAR LA EXISTENCIA CONCRETA?

Todo lo puedo en aquel que me conforta (*Flp* 4,13). *¿La fe tiene la capacidad de cambiar la existencia concreta?*

Responde Antonia. Nací en una familia laica en la que no se vivía la fe. Se nos bautizaba, pero no íbamos a la iglesia, ni en casa rezábamos juntos, ni hablamos sobre la fe. Vivía en el centro histórico de Roma y por comodidad frecuenté escuelas católicas. Como todos mis compañeros recibían la Primera Comunión, la hice también yo. Después, fui a otras dos Misas, la de Confirmación y la del matrimonio. Eso era todo. Pensaba que los sacramentos eran meros símbolos rituales. Sin saberlo tenía un enfoque de tipo protestante. No pensaba para nada que los sacramentos fuesen –como en realidad son– la acción que Jesucristo vivo y resucitado cumple hoy para mi santificación, mi salvación y mi felicidad. Son símbolos y acciones que producen en nosotros la gracia divina.

A estas certezas he llegado también gracias a la ayuda de Carlo y Andrea, pero sobre todo gracias –evidentemente– a la misericordia de Dios que no falla nunca al que es sincero y se esfuerza en agradarle.

5. ¿Cuáles son los signos que apuntan ahora a la santidad de Carlo?

La santidad no es una aspiración, sino un "don" que hay que cultivar. Volviendo a pensar en el pasado con la consciencia del "después", ¿cuáles son los signos que apuntan ahora a la santidad de Carlo?

Responde Antonia. Carlo nació con unos dones que supo cultivar y madurar. La generosidad, la obediencia o la pureza eran cualidades naturales en él; diría que hasta espontáneas. Pienso que cada bautizado ha sido creado con una alta potencialidad que está llamado a hacer crecer en conformidad con el libre albedrío y los propios deseos. A Carlo le animaba el deseo de complacer a Dios. Cuando hoy encuentro a otros jóvenes y les pregunto: «¿Queréis volveros santos?» la gran mayoría responde: «No me interesa».

El problema es el desinterés por la vida de gracia, por la vida de comunión con el amor de Dios. Esto deriva también del hecho de que en el imaginario colectivo se cree que una persona santa tiene que ser reconocida santa por la Iglesia y, por lo tanto, canonizada, porque ha realizado fenómenos extraordinarios como visiones, apariciones, revelaciones, estigmas, bilocaciones, locuciones, levitaciones o sanaciones. Esto que acabamos de nombrar son carismas, es decir, dones divinos dados a una persona, independientemente de sus méritos, para la utilidad de todos los creyentes. Al contrario de lo que se piensa, no implican para nada que la persona que los recibe sea santa. Por ello se llaman *gratias datae* para distinguirlas de la gracia *gratum faciens* (que es la gracia santificante, la indispensable para nuestra vida, la que nos constituye en santos).

Por tanto, la santidad es otra cosa. Una persona es santa por el hecho de que vive ordinariamente las virtudes teologales y las humanas, porque desea lo que Dios desea para ella. Y, por tanto, indirectamente la santidad comporta el combate contra todo lo que obstaculiza o ralentiza el diseño de Dios. El obstáculo principal es el pecado mortal, es decir, grave. El factor que nos ralentiza son los pecados veniales. El combate espiritual es parte íntegra de la vida cristiana. Si no luchase, quedaría a merced de la tentación, del mal y del pecado.

Me parece que muchos olvidan hoy en día este aspecto de lucha y combate. Me parece que percibo no solo desinterés —como recordaba antes— sino también mucha mediocridad, perdida de ímpetu, falta de ardor y sumisión al "así lo hacen los demás". Debemos tener el coraje de llamar esta actitud espiritual con su nombre: pereza, flojera, vaguería. Se trata de vicios que estamos llamados a contrastar con la virtud de la fortaleza, tomando la iniciativa de actuar amando a las personas con las que tratamos y amando el bien que realizamos. Las virtudes, sobre todo la caridad, la benevolencia y la misericordia, trasforman en modo estable nuestra voluntad y nuestros afectos de manera que estén siempre orientados al bien de las personas con las que nos encontramos. Si, por el contrario, vivimos en la inercia y la holgazanería, nos nominamos a nosotros mismos al fracaso del amor.

Juan Pablo II usaba una metáfora para describir la santidad: el santo es la obra maestra del trabajo de Dios. Me encanta desarrollar esta metáfora en este sentido: el santo colabora con Dios en la construcción de la obra maestra de la propia vida y de la propia persona. Como cada construcción, también la santidad comporta una acción demoledora y una edificante. La demolición consiste en combatir y huir los propios vicios; es decir, consiste en alejarse voluntariamente del mal, del pecado grave o venial. A diferencia de la demolición de un edificio, la demolición moral dura toda la vida, porque el combate contra algunos vicios como la envidia o la soberbia y el orgullo puede continuar mucho tiempo. La acción edificante es el aspecto positivo. Su cemento es el deseo constante y firme de aspirar a lo que Dios desea para mí, el deseo de ser imagen y semejanza suya porque este es su diseño. Y sus ladrillos son las muchas virtudes que la tradición cristiana nos enseña y que nosotros estamos olvidando. Recuerdo sólo algunas: la magnanimidad, es decir, cumplir obras magníficas para la gloria de Dios y por amor al prójimo; la libertad, es decir, la gratuidad en las relaciones con el prójimo; la amistad, desear y procurar el bien de la persona amiga; la fortaleza, perseverar con firmeza y constancia en el cumplimiento del bien superando cada dificultad y peligro.

6. ¿UN SANTO HABLA SIEMPRE DE COSAS SANTAS O HABLA DE CUALQUIER COSA, PERO DE MANERA SANTA?

¿Un santo habla siempre de cosas santas o habla de cualquier cosa, pero de manera santa?

Responde Antonia. Miro a Carlo y digo: el santo habla en manera santa de cualquier cosa buena, bella y noble. Rehuía temas vulgares o cosas dementes. A parte de esto, Carlo se interesaba por todo: de una ciudad que estábamos a punto de visitar, de un personaje político, de un video-juego o de un programa informático. Lo hacía siempre de manera proactiva y en vista del bien de las personas con las que tenía que ver. Cuando estábamos a punto de ir a visitar a los abuelos paternos, sabiendo que a ellos les gustaban algunas películas, se sobreponía a sus gustos personales e iba a comprar la cinta de aquella película sabiendo que alegraría a sus abuelos. Incluso en las cosas más cotidianas intentaba complacer a Dios y poner contento a su prójimo. Los ejemplos se multiplicarían si nos refiriésemos al tiempo y a las amistades que vivía con algunos compañeros de escuela discapacitados o víctimas de acoso escolar.

7. Estando en contacto con un santo, de alguna manera, se experimenta reflejada su acción. ¿Qué os ha enseñado a vosotros Carlo?

Los padres tienen evidentemente un papel y un deber educativo. Pero a un santo lo guía el Espíritu Santo. Estando en contacto con un santo, de alguna manera, se experimenta su acción reflejada. ¿Qué os ha enseñado a vosotros Carlo?

Con Carlo vimos de primera mano que la santidad es una realidad. Vimos realizadas en concreto las bienaventuranzas del Evangelio desde la primera: el espíritu de pobreza. Carlo era un chaval muy rico, pero fue consigo mismo muy parco, sobrio. En un ambiente en el que sus compañeros competían por mostrar quien tenía más dinero, nuestro hijo rompía este esquema social con su modo de actuar sencillo y humilde. No se daba nunca aires de rico, no era un niño pijo. Más bien al contrario. Tomaba siempre la iniciativa a la hora de hacer los trabajos más humildes si sabía que con estos podía ayudar a alguien. Por ejemplo, en Milán ayudaba a nuestra planchadora de tal manera que pudiese acabar antes su trabajo e ir a su casa para poder pasar más tiempo libre con su hija.

8. ¿Qué pedía Carlo en la oración?

La expresión por excelencia de las virtudes teologales de la fe y la esperanza es la oración dirigida a Dios, a Jesucristo. Antonia, ¿usted recuerda qué pedía Carlo en la oración?

Quiero nombrar sólo dos recuerdos del último verano que pasamos juntos. Ambos remiten al final del agosto de 2006. Estábamos de vacaciones en casa de los abuelos paternos, en Santa Margarita Ligur.

El primero: estábamos entrando a casa después de haber participado en la Misa y Carlo con sencillez y franqueza me dijo que estaba preguntando a Jesús cuál era su vocación. También me preguntó qué pensaría si se hiciese sacerdote. Lo escuché con benevolencia. Sabía cuánto quería a Jesús y a la Iglesia. Después me confió que estaba pidiendo con la oración una de las cosas más importantes de la vida: desear el plan de vida que Dios quiere para nosotros.

El segundo recuerdo: estábamos haciendo una excursión en barca y habíamos llegado a Porto Venere. De repente emergió de la superficie del agua un banco de delfines. Como si quisieran jugar con nosotros se acercaron a la barca saltando y sumergiéndose continuamente. El abuelo, aunque frecuentaba de toda la vida aquella zona, nunca había visto algo parecido. Mientras Carlo estaba extasiado, radiante. Un poco después, me dijo con gran sinceridad que en los últimos días había rezado varias veces a Jesús para que le concediese ver delfines en el mar antes de volver a casa. Eran sus animales preferidos. Por tanto, con su oración pedía también cosas que nosotros llamaríamos "festivas": estar satisfecho, gozar de pequeñas satisfacciones, etc. La aparición de estos delfines fue seguramente un signo de una sutileza del Señor en su trato con nuestro hijo. Desde pequeño, por lo demás, había sido objeto de particular atención por parte de Dios. El diálogo de Carlo con Jesús era continuo. Me contaba que el Señor escuchaba siempre de alguna manera sus oraciones. Este era un poco su secreto, el hecho de vivir una constante relación de intimidad con Jesús. Deseaba que todos pudiesen vivir esta relación como él. No la consideraba algo exclusivo. Y después con gran sencillez nos decía también a nosotros que nos dirigiésemos a Dios para cualquier necesidad: «Él escucha y responde. Sin embargo, es necesario tener fe en que este diálogo sea posible y real».

9. ¿UNA FE SIN TAPUJOS?

¿Una fe sin tapujos?
    Yo, Antonia, recuerdo también un hecho trascurrido el último verano que pasamos en Santa Margarita Ligur.

Después de la cena, mientras Carlo estaba acabando sus deberes de vacaciones, llegó una llamada. Era una amiga suya.

Carlo se alejó un poco por discreción y para no distraerme de mi trabajo. Pero a pesar de esto, las palabras se podían escuchar con claridad. Entonces, sin querer, yo me puse a escuchar. Nunca he metido la oreja en las conversaciones de los demás y no soy una madre entrometida. Pero aquella tarde escuchar fue inevitable. Me impresionó inmediatamente el modo en el que Carlo se dirigía a su amiga: le reñía de manera muy paterna y al mismo tiempo firme y segura. Y después me impresionó el contenido. Por lo que pude entender, la tarde anterior su amiga había conocido a un chaval en la discoteca y había mantenido relaciones íntimas con él. Carlo apreciaba muchísimo la pureza. No era un mojigato, todo lo contrario. Mas bien reconocía a la luz de la fe que cada uno tiene una dignidad especial que se respeta para que no se consuma ni malgaste. Recordaba a su amiga que *nuestro cuerpo es templo del Espíritu Santo* (*1 Cor* 3,16) y que Dios hace morada en nosotros (cf. Jn 13,26) en conformidad con nuestro bautismo y nuestra vida de fe. Por eso le decía que no había que adelantarse en aquello que está reservado al matrimonio.

También en otras ocasiones hablaba con sus amigos sobre este tema, cuando le confiaban el secreto de que estaban por adelantarse y tenían el deseo de tener experiencias prematrimoniales. Nuestro hijo testimoniaba la pureza, no como un fin en sí mismo, no por mero ascetismo o por miedo. Su motivación era que el amor entre un chico y una chica se vive como don de Dios y, por tanto, se vive en su presencia y según su diseño de santidad. Solo de esta manera el amor humano podrá dar el cien por cien, la felicidad. Pero si en lugar se confunde el estar colado por alguien y la "pasionzucha" con el amor y se va detrás de estas sugestiones, ninguna podrá recoger los frutos de una alegría plena y duradera. A veces a uno le parecía escuchar hablar a un cura. Se me dibujaba una sonrisa cuando hablaba a su amiga o a sus amigos de la dignidad de nuestro cuerpo, *templo del Espíritu Santo*, de la Santísima Trinidad. Decía: «El Padre tiene un trono en el cielo y también el Hijo porque está sentado a su derecha, mientras que el Espíritu Santo tiene por trono nuestros corazones que se vuelven templo de Dios. Por esto tenemos que respetar la sacralidad que está en nuestra alma y en nuestro cuerpo, no banalizar el amor reduciéndolo a una simple "economía del placer" destinada sólo a satisfacer deseos egoístas antes que el verdadero bien».

Cuando hablaba de las pasiones y del enamoramiento, se refería a la capacidad de amar que consiste en desear y obrar lo mejor por y para la persona amada, huyendo al mismo tiempo de las ganas de poseerla, de las ganas de tenerla sujeta a sí. Él mismo vivía el amor en el desapego. No era tanto desinterés como saber que el prójimo es hijo de Dios y, por tanto, es Dios. En las relaciones entre personas está siempre en medio el que es Padre de todos.

También me acuerdo de que más adelante escuché que gritaba a un amigo suyo que presumía de visitar sitios pornográficos, de leer cosas que definía "nocivas para el alma" o de practicar el "autoerotismo". A estos amigos les decía que así se volvían como las marionetas del libro de Pinocho, las que Comefuego usaba en sus espectáculos y después del uso echaba en el fuego. Con esta imagen de los títeres de madera describía el fin de las personas que no siendo capaces de oponerse a la tentación al principio y dejándose dominar por los vicios, viven como marionetas, es decir, sin ser señores de sí mismos; y al final sufren el peor fracaso representado por el fuego. Para Carlo estar alejado de las páginas pornográficas o de lecturas inapropiadas no era santurronería. Era, más bien, la única manera de no ser contaminados, de no abrir la puerta a comportamientos que después dejan un sabor amargo y no nos vuelven felices. También por esto repetía a sus amigos: «La felicidad está en amar a los demás como Dios los ama y no en desahogar en los otros los proprios deseos egoístas».

10. ¿Tenía Carlo algún método o "truco" para trasmitir su fe?

Repasando su vida, ¿pensáis que Carlo tenía algún método, algún "truco", para trasmitir su fe?

Seguramente las exposiciones. Idear y realizar exposiciones fotográficas era una de sus pasiones. Era también uno de sus primeros pensamientos cuando se aventuraba en cualquier proyecto. Por ejemplo, al principio de septiembre de 2006, cuando volvíamos a Milán de las vacaciones, encontró entre su correspondencia un libro dedicado a los santos jóvenes. Carlo lo devoró y luego dijo: «Me gustaría muchísimo hacer una exposición dedicada a estas figuras».

Había creado varias. Una en particular muy apreciada en todo el mundo estaba dedicada a los milagros eucarísticos. De esta exposición nació también el libro: *Los milagros eucarísticos y las raíces cristianas de Europa* (ESD, Bolonia, que ha alcanzada la 3ª edición) a cargo de Sergio Meloni. El nombre de Carlo no aparece oficialmente. No quisimos exponerlo y preferimos usar una suerte de pseudónimo, "Instituto San Clemente". Creaba en el ordenador sus paneles con fotografías que a menudo estaban hechas por el mismo y con pies de foto en las que intentaba presentar la esencia del milagro. Una vez realizados los paneles y la exposición entera, dejaba que siguiesen su curso. Miraba siempre sorprendido el éxito que alcanzaban mucho más allá de sus expectativas. Llegaron muchas peticiones de todas las partes del mundo y no estamos exagerando. Basta con ver las lenguas en las que se ha traducido. Realizar exposiciones fotográficas era su estrategia para llegar a mucha gente y presentarles la persona de Jesús. Quería poner en relieve la belleza de los contenidos de la fe cristiana.

11. ¿Algún aspecto del carácter de Carlo que lo predisponía a educar en la fe con facilidad?

Más allá del "truco" ¿hay algún aspecto del carácter de Carlo que lo predisponía a educar en la fe con facilidad?

Seguramente el hecho de que tomase siempre la iniciativa en cuanto a hacer el bien se refiere. Se mantenía siempre original a ese proyecto único e irrepetible que

Dios ha pensado para cada uno de nosotros desde la eternidad. Él mismo acuñó la frase: «Todos nacemos como originales, pero muchos mueren como fotocopias». Pero, claro, estas podrían ser sólo observaciones muy benévolas de sus padres. No, los hechos hablan muy claro. Pienso en la manera en la que reaccionó cuando, después de los primeros exámenes, escuchó el diagnóstico del médico de la Clínica De Marchi: «Carlo ha sido afectado, sin posibilidad de error, por una leucemia de tipo M3, o leucemia promielocítica». Sin demasiados rodeos nos explicó que es una enfermedad silenciosa, sin síntomas previos, que provoca una rápida proliferación de las células tumorales. Cuando nos dejó solos, nuestro hijo permanecía sereno, puso una gran sonrisa y nos dijo: «¡El Señor me ha puesto una alarma!». También en este trance tan dramático manifestaba su verdadera forma de ser: la capacidad de mostrar una actitud positiva y serena en todo momento. Su sonrisa iluminó nuestra oscuridad. No dijo palabras que revelasen preocupación, ansia o angustia. Se entregó con confianza en los brazos de Aquel que ha vencido a la muerte, se confió a Dios y por esto sonrió con entereza.

12. Sorprendido por la entereza ante su dolor y por la serenidad olímpica que emanaban sus palabras. ¿Cómo os lo explicáis?

Recuerdo como si fuese ayer la llamada con la cual, usted, Antonia, me dijo que Carlo había muerto. Me quedé sorprendido por la entereza ante su dolor y por la serenidad olímpica que emanaban sus palabras. ¿Usted cómo se lo explica?

A posteriori tengo que reconocer que las bromas de Carlo –como "Dios me ha puesto una alarma", "De esta no salgo vivo", "Ofrezco mi sufrimiento por el Papa...",–, que nos parecían irónicas, en realidad eran el resultado de su manera de ver las cosas, también las dramáticas y dolorosas. Las veía a la luz del diseño de Dios.

Él vivía apuntando a Dios. Vivía en comunión de amistad con Él. Realizaba esta unión con la caridad fraterna, la adoración y la participación en la Misa. Estaba como inmerso en esta comunión vital. Esta vida de unión, es decir, de gracia santificante, es la misma comunión eterna. Son lo mismo. No hay una diferencia esencial entre vida de gracia aquí y vida de gloria allí. Es siempre la misma unión con Dios. Solo que aquí hay obstáculos. Por ejemplo, corremos el riesgo de caer en el pecado. Nuestra voluntad va vagando, no es siempre estable en el amor y en la fe. Mientras que allí la comunión es plena, total, rebosante y completa. Jesús lo dice claramente hablando del juicio final: *Sed misericordiosos como vuestro Padre es misericordioso. No juzguéis, y no seréis juzgados; no condenéis, y no seréis condenados; perdonad, y seréis perdonados; dad, y se os dará: os verterán una medida generosa, colmada, remecida, rebosante, pues con la medida con que midiereis se os medirá a vosotros* (*Lc* 6,36-38).

Mirando las cosas desde este punto de vista, hoy entendemos que Carlo también nos ayudó a llegar preparados a su muerte. Sin duda estábamos dolidos, pero no tristes. No estábamos ni desesperados ni angustiados, sino –como usted mismo recuerda– serenos. Habíamos interiorizado las certezas de la fe. La muerte, aunque precoz y dramática, puede ser atravesada junto a Jesús que trajo con su muerte la vida de gloria para todos. Cuando los amigos, que le preguntaban un poco sobre todo, le interrogaban sobre su futuro respondía: «Como no tenemos una ciudad estable aquí abajo, busquemos la futura. Hemos sido elevados al estado sobrenatural, redimidos y salvados, estamos destinados a la eternidad con Dios, la "co-eternidad". La muerte no es el término de todo. No es el final. No es la ruina. No es la conclusión fatal. Es el pasaje a la co-eternidad. Si nos consideramos de paso en este mundo, si nos comportamos como temporales, si aspiramos a las cosas de allí arriba, si lo fijamos todo en el Más Allá y basamos la existencia en él; entonces todo se ordena, se equilibra, se orienta, todo pasa a fundamentarse en la esperanza. Si se piensa en el mañana como en un futuro cercano que hay que preparar, entonces, entra en juego una de las virtudes más importantes de la espiritualidad, la esperanza. Esperanza, no como inspiración poética, no como implicación sentimental y ni siquiera como escapatoria que justifique el no compromiso, sino por lo que realmente es: la segunda virtud teologal infundida como semilla en el bautismo».

Después, invitaba a sus amigos a prestar atención a algunas expresiones habituales: «Solemos decir: aquí, allí, arriba y abajo. Esta manera de pensar y hablar relativiza todo. Como estamos inmersos en el "aquí", relacionamos todo con el tiempo y el espacio que nos esclaviza y condiciona. Si nos librásemos de esta cadena, si nos acostumbrásemos a las cosas de "allí arriba", si nos familiarizásemos con el "más allá", si considerásemos la vida como un trampolín hacia la Eternidad; entonces la muerte se volvería un paso, una puerta, un medio. Perdería su dramatismo, perdería su fatalidad, perdería su carácter definitivo. Acabar con su recuerdo, espiritualizarla, santificarla; este es el secreto. Entonces no pensaremos, no hablaremos, no mediremos en términos absolutos, de sin-retorno, de destrucción total; sino que veremos la muerte desde la luz, el calor y la victoria de Cristo Resucitado».

13. En su recuerdo floreció la voz de Carlo.

Antonia, usted en público suele contar que justo en uno de los momentos más duros —cuando vio los restos mortales de Carlo dispuestos en el ataúd— en su memoria afloró su voz.

Sí, me vinieron a la cabeza sus palabras de una manera muy clara: «Mamá, aunque todos nuestros sueños se desmoronen, no hay que permitir que el cinismo tome la delantera y paralice nuestros corazones. De cada desilusión nacerá siempre un sueño nuevo». Así se expresaba su profundo optimismo. Desde la muerte de Carlo he aprendido que no hay que dejar nunca de soñar con pasión y de ser optimistas. El futuro no está en nuestras manos, ¡por suerte! Pero tampoco está en las manos de un "destino" caprichoso. El futuro está en Dios. En realidad, Dios es el futuro mismo. Dios, Jesús muerto y resucitado, es la meta, el objetivo de nuestra existencia terrestre. Justo esta consideración que proviene de la fe nos llena de esperanza: la muerte ha sido vencida definitivamente, pues ya no es más que la puerta a la Eternidad.

Ser conscientes de esto no nos lleva a mirar con desgana la vida terrenal. Como decía nuestro hijo, no es una huida hacia el Paraíso que pasa a través de un enorme desinterés por el presente. Es justo lo contrario. Estando claro que el futuro es Dios, estoy empeñada en el presente sabiendo que es el único camino para el futuro. Tengo que aprender a vivir ahora la realidad que me rodea, orientando todo al Señor. Así extiendo mis horizontes y levanto el vuelo hacia dimensiones que de otra forma serían inalcanzables. Lo real, el momento presente, si está iluminado por la fe, nos permite desgarrar los velos que van más allá de nuestro pequeño mundo de apariencias y contradicciones y así abrirnos al infinito.

A este respecto son muy apropiadas unas palabras de Carlo: «Nuestra existencia sobre el planeta Tierra tiene un sentido. Tiene sentido si lo entendemos como un camino directo pero personal hacia el Salvador. Por tanto, nuestro problema, mi problema, tu problema, es este: acelerar este encuentro, realizar este encuentro, concretizar este encuentro».

14. FE Y AMISTAD: ¿LA ORACIÓN PARA LOS AMIGOS?

Fe y amistad: ¿la oración por los amigos?

Carlo, jovial y vivaz, tenía muchos amigos. Pasaba mucho tiempo con ellos. Rezaba por ellos y unía pequeños sacrificios a la oración por su verdadero bien. Para él la amistad era una virtud humana muy importante. En *El Principio*, que fue una lectura decisiva en su vida, había leído que el zorro decía: Lo que hace más importante a tu rosa es el tiempo que tú has perdido con ella". Había entendido que el tiempo dedicado a un amigo es lo que lo hace volverse especial, único, importante. Este tiempo debe intentar tener en el centro la caridad, es decir, el amor que Dios mismo tiene para cada uno de nosotros. De esta manera se volverá un tiempo de calidad por muy corto o largo que sea.

Así que para él era más que normal estar presente e interesarse por sus amigos con llamadas telefónicas o por Internet, incluso si no estábamos en Milán. Él escuchaba y compartía con ellos sus intereses. La gran red de amistades que había tejido se manifestó plenamente en su funeral. Nuestra parroquia de Santa María Secreta en Milán estaba a rebosar de personas que nunca habíamos visto. Era una multitud muy variada en edades, procedencias y profesiones. Todos lloraban. Y al mismo tiempo, se percibía algo positivo, hermoso, como si no estuviésemos en un funeral sino en una fiesta. Efectivamente para Carlo era el paso de esta existencia a la vida beata. La alegría venía dada también por la gratitud que esta multitud expresaba hacia él.

Pero no os maginéis nada extraordinario. Pensemos en Neel, un hombre de Sri Lanka, que era el sacristán de la parroquia. Estaba boquiabierto por el modo de comportarse de Carlo, muy distinto del de sus compañeros. Reconocía que no sólo era respetuoso, sino también amable y amigo de todos. Recordaba que no gritaba nunca, era siempre amable y, sobre todo, lo saluda siempre con una sonrisa radiante.

Después de su muerte, nos trajo una poesía que le había dedicado escrita cuando todavía estaba vivo. Pensamos que había sido un gran amigo suyo. Y, sin embargo, permanecimos maravillados por el hecho de que Neel nunca hubiese hablado directamente con él. Simplemente nuestro hijo le decía: «Hola» cuando se lo encontraba y le sonreía. Un simple hola, una sonrisa radiante, fueron como una flecha de oro que golpeó el corazón de aquel sacristán.

Con estos gestos al alcance de todos nuestro hijo nos da una lección magistral: cada instante puede ser diferente si lo vivimos con la intensidad justa. La atención hacia el prójimo nunca es insignificante, ni siquiera en los pequeños gestos. La sonrisa, el saludo cordial, el esmero al elegir las palabras dejan siempre una marca. La madre Teresa de Calcuta solía decir: «No sabremos nunca cuánto bien puede hacer una simple sonrisa y que no hay momento mejor para ser felices».

En el recorrido que hacía de casa a la escuela, se paraba a saludar a los porteros de los palacios de nuestra calle. A menudo no eran europeos. Se había vuelto amigo de todos. Era completamente ajeno a cualquier forma de discriminación o pijería. Con él cualquier muro de desconfianza, odio o indiferencia caía a pedazos. Saluda de manera radiante a todos, con todos hablaba, en todos vislumbraba la imagen de Jesucristo; porque cada hombre está creado a imagen de Cristo, imagen perfecta del Padre.

15. «UN PASO EN LA FE ES UN PASO MÁS HACIA EL SER Y UN PASO MENOS HACIA EL TENER». ¿QUÉ SIGNIFICADO LE DABA CARLO?

Carlo solía decir «Un paso en la fe es un paso más hacia el ser y un paso menos hacia el tener». ¿Qué significado le daba Carlo?

Respondo sólo yo, Antonia. Creo que puedo averiguar el sentido que Carlo daba a estas palabras en un hecho ocurrido una tarde de agosto del 2006. Había cenado en Portofino. Nada más salimos del restaurante, se apartó con aire pensativo y melancólico. De vez en cuando actuaba así. No le dije nada, no quería entrometerme. En todo caso habría esperado a que él me dijese algo. Y así fue. Antes de irse a dormir, me dijo que mientras salía del restaurante en su ánimo habían resonado las palabras de Jesús: *Tengo sed* (Jn 19,28). Jesús las pronunció durante la Pasión poco antes de morir. Para él el Señor quería hacerle comprender con estas palabras el plan de su voluntad. Era como decir: "mi voluntad divina no se ocupa de la riqueza y el lujo que te rodean en Portofino −son cosas que no cuentan−, sino que está dirigida a la salvación de cada una de las personas que hay en Portofino. Estas sí que cuentan".

Tener no da una felicidad estable. La existencia que deriva de la fe nos abre a la felicidad para siempre. No son las riquezas las que dan la felicidad. Nuestra preocupación principal tendría que ser la salvación de nuestra alma y de las personas que nos encontramos. Ahora que lo pienso, el mismo Jesús dijo: *¿Pues de qué le servirá a un hombre ganar el mundo entero, si pierde su alma? ¿O qué podrá dar* *para recobrarla?* (*Mt* 16,26). Carlo siempre decía: «Si Dios posee nuestro corazón, entonces nosotros poseeremos el infinito. Quien confía sólo en los bienes materiales y no en el Señor es como si viviese una vida al revés. Es parecido a un conductor que en vez de ir hacia su meta derecho y directo, viajase siempre en dirección contraria, en el sentido opuesto a su objetivo, corriendo continuamente el riesgo de chocar con alguien».

16. En los primeros años de vida de Carlo, usted, Antonia, tenía una fe inmadura, y si usted, Andrea, no frecuentaba la Iglesia, ¿quién trasmitió los primeros rudimentos de la fe a Carlo?

Pero si en los primeros años de vida de vuestro hijo, usted, Antonia, tenía una fe inmadura, y si usted, Andrea, no frecuentaba la Iglesia, ¿quién trasmitió los primeros rudimentos de la fe a Carlo?

Fue decisiva la presencia en nuestra casa de Beata, una muchacha polaca. Fue su niñera del 1992 hasta el 1996. Fue ella la que lo introdujo en la vida de fe y en sus prácticas más sencillas, como recitar el rosario o la oración de sufragio por las almas de los difuntos. Cuando entró en nuestra casa por primera vez tenía su bolso a rebosar de estampas de Nuestra Señora de Częstochowa.

Fue Beata la que lo ayudó a comprender la continuidad entre la vida del día a día y la vida espiritual de comunión con Jesús. Beata me ayudó también a mí a vivir con espíritu cristiano la repentina muerta de mi padre. Ella, cuando estaba todavía en Polonia, había vivido los últimos años del régimen comunista, que volvía muy complicada la vida religiosa de los creyentes. Por eso estaba más que curtida a la hora de superar las dificultades con fortaleza. A menudo nos confiaba sus impresiones del niño. Nos decía que era muy precoz, que hacía preguntas de persona mayor y sabia, que tenía un gran deseo de vida espiritual. Quería que ella le contase a menudo la historia de Jesús. Cuando, más adelante, íbamos juntos a Misa, Carlo le expresaba su descontento por no poder recibir la Comunión.

La preciosa relación que habían desarrollado no impedía a Beata observar que era demasiado complaciente a su juicio. Sin duda, era muy vivaz, sociable y juguetón –como se espera y corresponde a un niño de su edad–. También era muy obediente con nosotros (nunca nos ha dado problemas) y siempre muy dócil a nuestras peticiones. Pero su niñera remarcaba que no se rebelaba nunca, ni siquiera cuando sus compañeros de clase le gastaban bromas o se reían de él. Quería que nuestro hijo reaccionase y no se dejase tomar el pelo. Por su parte, Carlo le respondía con franca sencillez: «Jesús no estaría contento si yo respondiese con violencia».

Nos acordamos muy bien de un suceso ocurrido cuando tenía alrededor de 4 años. Beata y mi madre habían entrado en un supermercado, mientras él y yo nos habíamos quedado fuera. Una niña de rizos pelirrojos se acercó a él y comenzó a tirarle encima una pelota azul. Quizás quería jugar con él o quizás quería molestarlo. Pero continuaba impasible. Después, la niña comenzó a hacerle muecas y luego incluso pedorretas. Pero Carlo no reaccionaba, continuó mirándola con dulzura y le sonrió. Entonces la niña se quedó impactada por su sonrisa y sonrió ella también. Estaba demostrando que tenía un carácter fuerte, que sabía bien lo que quería: estaba organizando su vida entorno a la amistad con Jesús. Cuando tenía que entender cómo comportarse la referencia era Jesús, su comparación era siempre con Jesús. Se inspiraba en Él porque sabía que Él residía en su interior con la gracia santificante.

Seguramente Beata jugó un papel importante al educarlo en la vida de fe a través de gestos sencillos. Pero en retrospectiva tenemos que reconocer que, si Carlo con nosotros era dócil y obediente, todavía era más dócil y atento a la hora de corresponder con inteligencia y entusiasmo a la gracia divina, a los avisos del Espíritu Santo y a la imitación de Jesús. En los primeros años de su vida no habíamos entendido bien la importancia de la oración en familia, de la participación en la Misa, de corresponder en cada instante a la amistad de Dios. Por tanto, no éramos para nada capaces de guiarlo. Aun así, no lo obstaculizamos y lo animamos en la medida en que éramos capaces de entender. Entendíamos que él deseaba que también nosotros iniciásemos este camino hacia Dios. Y fue justo él el que nos arrastró con sus gestos, sus deseos, sus preguntas curiosas y a veces impertinentes, al meollo de la fe: Seguir a Cristo, vivir en comunión de vida con Él, obrar siempre en su presencia.

17. ¿Cómo os arrastró Carlo a la fe?

Carlo os arrastró a la fe. ¿Cómo sucedió en concreto?

Los abuelos le habían regalado la Biblia ilustrada y se enfrascó en su lectura. Era también un lector empedernido de vidas de santos, aunque fuesen todavía libros para niños o jóvenes. Beata lo había acostumbrado a entrar en la Iglesia y saludar a Jesús presente en el sagrario. Por eso, cuando volvió a Polonia y salimos con ella, Carlo comenzó a pedirle con insistencia que entrasen en una iglesia porque quería despedirse de Jesús. Allí vimos que cuando entraba en una iglesia, se acercaba al altar, se arrodillaba, se sentaba en el primer banco o se apoyaba en la balaustrada y desde ahí rezaba en silencio. Al principio estábamos admirados. Después de un poco, comenzamos a imitarlo y a rezar en silencio y, más tarde, en voz alta con él.

Después fueron sus preguntas, a menudo insistentes, las que nos llevaron a vivir con mayor seriedad y consciencia la fe. Yo era analfabeta en cuestiones de fe. Por ejemplo, no sabía ni siquiera que diferencia había entre Biblia y Evangelio. No sabía qué responder (hablo por mí, Andrea tiene un recorrido de fe diverso) a muchas preguntas de Carlo. Así que empecé a estudiar el *Catecismo de la Iglesia Católica* de San Juan Pablo II, publicado en 1992.

Más tarde, entendimos que la seriedad de vida de fe hacía necesario que una persona sabia, un confesor santo, nos guiase. Una amiga nos sugirió que fuésemos a hablar con un sacerdote de Boloña, el padre Ilio Carrai. Y fue así como lo encontramos por primera vez en la primavera de 1995. Se convirtió en nuestro guía espiritual hasta su muerte el 14 de marzo de 2010. Cuando nos vio por primera vez se sorprendió, porque dijo que hacía años que nos esperaba y que tendríamos que cumplir una misión muy importante. Seguramente tenía dones carismáticos porque cuando nos confesó ya sabía de nuestro pasado. Después, nos habló del futuro y de nuestro hijo: «Dios lo ha elegido para una tarea especial». Luego, nos relató algunos detalles concretos que se fueron cumpliendo en los años siguientes.

El padre Ilio Carrai nos aconsejó profundizar el contenido de nuestra fe leyendo las Sagradas Escrituras y el Catecismo. Sugirió también a Antonia que estudiase teología en una Facultad de Teología, lo cual hizo inscribiéndose a una en Milán, asistiendo a clase e incluso presentándose a los exámenes. Dado el interés de Carlo por los santos, también nos aconsejó comprar algunos documentales y películas sobre la vida de ciertos santos o las apariciones de la Virgen María. No podéis imaginar cómo se puso de contento.

Su fe era tan simple como atrayente. Lo observamos mientras encendía las velas y después rezaba en silencio delante del Crucifijo en la iglesia; o cuando en casa echaba besos a la estatua del Niño Jesús o al Crucifijo colgado en su habitación. Rebosaba de alegría cuando le regalamos la medalla del escapulario de la Virgen del Carmelo. Era un precioso regalo de una bisabuela nuestra. En un lado está la imagen del Sagrado Corazón de Jesús y en el otro Nuestra Señora. Llevó siempre consigo esta medalla. Cuando se la puso, dijo: «Así tendré siempre cerca de mi corazón a Jesús y a María».

18. ¿CARLO TENÍA UN PROGRAMA DE VIDA?

¿Carlo tenía un programa de vida?

Carlo fue un niño y después un adolescente maduro. No desperdiciaba el tiempo, sino que sabía aprovecharlo. Decía que el tiempo y la vida son un regalo que el Señor nos hace y que deben utilizarse al máximo. Para él "al máximo" significaba crecer en la caridad hacia Dios y hacia el prójimo. Y cuanto mayor sea este crecimiento, mayor será nuestra felicidad en la vida eterna que nos espera.

Había escrito también: «Cada minuto que pasa es un minuto menos que tenemos para santificarnos y no hay que perderlo en cosas que desagradan a Dios, sino convertirlo en un aliado». Es una invitación a maximizar el tiempo, a transformarlo en tiempo de alta calidad viviendo las virtudes.

Al tener siempre como punto de referencia a Jesús, decía que el mismo Jesús encarnándose nos mostró como sacar el máximo partido a nuestro tiempo. Con la encarnación del Verbo eterno, Dios, que es la Eternidad, se manifestó abiertamente en el tiempo y nos dio la posibilidad de vivir en comunión con Él. Este es el sentido del *Kairós*, el tiempo o, mejor dicho, el "hoy" de la salvación que nos da acceso a Dios, a la Trinidad y a su Eternidad. Sabía que este "hoy" no era solo un precioso regalo del Creador, sino también una prueba. Una prueba no para caer, no para rechazar; sino más bien para crecer en sintonía con la voluntad que Él tiene para nosotros, para crecer en la gratitud hacia su benevolencia, para crecer en el amor de caridad. Justo por este motivo estaba convencido de que los sacramentos son el mayor recurso que Dios nos ofrece regularmente para orientar todo nuestro tiempo hacia Él. Una vez nos dijo: «Nuestra meta debe ser el infinito, no el finito».

Su programa de vida lo escribió pocos días después de haber hecho la Primera Comunión: «Estar siempre unido a Jesús, este es mi programa de vida».

Para él era fundamental por encima de todo eliminar todo lo que pudiese alejarnos de Dios. Esto es el empeño en la conversión personal: «La conversión –como Carlo escribe– no es otra cosa que desplazar la mirada desde abajo hacia arriba. Basta un simple movimiento de los ojos». Cuando lo decía, lo hacía con un tono y unos gestos a media camino entre la seriedad y la broma: de manera simpática y alegre y con metáforas sencillas sabía explicar una gran verdad cristiana.

«La conversión es dejar de precipitarse hacia abajo y volver a subir a lo alto. Cuanto más abajo hayamos descendido más difícil y cansada será la resubida. Invertir el rumbo será importante. Paso a paso, día tras día, ir hacia delante sin detenerse nunca. Cuanto más subamos hacia lo alto más veremos las cosas desde una buena perspectiva, en su totalidad y entereza. Cuanto más subamos hacia lo alto más entraremos en la atmósfera que circunda la coeternidad. Respiraremos aire de Infinitud».

Para que su conversión fuese sincera y tuviese valor de verdad, se había propuesto confesarse con frecuencia, es decir, una vez todas las semanas. Se confesaba casi siempre con un sacerdote que servía en nuestra parroquia de Milán. Este sacerdote nos afirmó que era un chaval muy trasparente, deseoso de mejorar en todo, desde el amor a Dios hasta el amor al prójimo, empezando por los padres. Deseaba crecer en la amistad con sus coetáneos, con sus compañeros de escuela, con los profesores. Quería dedicarse con seriedad a profundizar en las diferentes asignaturas o la informática, así como en las materias relacionadas con la fe. Al mismo tiempo, no quería que ninguna "mancha" ensuciase su alma. El sacramento de la confesión le permitía lograr este objetivo: «Muchas manchas pequeñas juntas acabarán formando una grande– decía Carlo– y al final no dejarán ningún espacio blanco». Rezaba con las palabras del *Salmo 50*, *Misericordia* como cuando el rey David, arrepentido de sus pecados, pidió perdón a Dios: *Lávame: quedaré más blanco que la nieve... borra en mí toda culpa. Oh Dios, crea en mí un corazón puro, renuévame por dentro con espíritu firme.*

Cuando daba catequesis a los niños, contaba este episodio de la vida de San Antonio de Padua: «Un día fue a su encuentro un gran pecador decidido a cambiar de vida y reparar todos los males cometidos. Se lanzó a los pies del santo para confesarse, pero su conmoción fue tal que no consiguió abrir la boca, mientras que lágrimas de arrepentimiento le bañaban el rostro. Entonces el santo fraile le aconsejó retirarse y escribir en un folio todos sus pecados. El hombre obedeció y volvió con una larga lista. San Antonio la leyó en voz alta. Después devolvió el folio al penitente que estaba de rodillas. ¡Cómo fue el asombro del pecador arrepentido cuando vio el folio completamente limpio! Los pecados habían desaparecido del alma del pecador y por lo tanto también de la carta».

También dando catequesis a los niños más pequeños que él, para describir los efectos que el pecado personal deja en el alma usaba esta metáfora: «El más pequeño defecto nos tiene anclados a tierra del mismo modo en que les sucede a los globos que son sujetados por el hilo que se agarra con la mano». Después, para que comprendiesen la necesidad de confesarse bien ya a menudo utilizaba otra comparación: «El globo aerostático para subir necesita descargarse del peso, así como el alma para elevarse al cielo necesita quitarse los pequeños pesos que son los pecados veniales. Si por casualidad hay un pecado mortal, el alma cae por tierra, pero la confesión es como el fuego que hace subir al cielo el globo. Hay que confesarse a menudo porque el alma es muy compleja».

Además, como le gustaba muchísimo jugar con las cometas en el Monte Subasio en Asís y que le persiguieran sus perros, fue fácil inventar otra comparación: como la cometa necesita del viento para levantar el vuelo, así nuestra alma necesita del Espíritu Santo.

Otra expresión suya nos revela la importancia que le daba a estar siempre en gracia: «Si la gente se diese cuenta de verdad de lo bonito que es estar en la gracia de Dios respetando sus mandamientos, haría de todo para no cometer pecados graves y se afanaría más por ayudar a los que viven lejos de Dios». Después solía citar a santa Jacinta de Fátima: «Si los hombres supiesen que es la Eternidad harían de todo para cambiar de vida».

Carlo también veía que algunos de sus amigos y conocidos preferían consultar algún psicólogo o *couch* antes que ir a confesarse. Estos profesionales —decía— seguramente escucharán, analizarán y aconsejarán. Pero no propondrán nunca la conversión, cambiar de vida u orientar la propia existencia mirando a Jesús. Dejándolos perseverar en el pecado, los dejarán en la tristeza y la enfermedad. Abandonar el pecado es iniciar la vida nueva en Cristo, en su gracia santificante. Es la única solución que nos vuelve felices de verdad. El psicólogo puede sacar a la luz las dificultades, los sentimientos de culpa o los traumas; pero no va a hablar nunca del pecado, de la relación entre Dios y el hombre, del amor de caridad que Dios nos ha dado y que desaparece a causa del pecado. Carlo sabía que es Cristo el que actúa en el sacramento de la confesión, el que regala su misericordia, el que nos da el Espíritu Santo para reconciliarnos con la Iglesia y con el Padre. Sabía que uno de sus frutos es esa paz que solo Dios sabe dar, una paz suave e imperturbable.

También era muy importante para él confesarse con el mismo sacerdote porque así puede aconsejarnos mejor y marcarnos en cada confesión propósitos de conversión concretos que apunten a objetivos asequibles.

Otro aspecto fundamental de su programa de vida –nos referimos a cuando ya había hecho la Primera Comunión– era la lectura y la meditación del Evangelio. Una de sus parábolas favoritas era la del sembrador (*Mt* 13,4 ss.). Para él era importante que la semilla diese el 100% y no dejar que los abrojos de la vida lo ahogasen. También le gustaba muchísimo *Juan* 12, en el que Jesús aludiendo a su Pasión inminente dice: *Si el grano de trigo no cae en tierra y muere, queda infecundo; pero si muere, da mucho fruto. El que se ama a sí mismo, se pierde, y el que se aborrece a sí mismo en este mundo, se guardará para la vida eterna (Jn 12,24-25).*

Un día de entre semana se leyó en Misa este pasaje del Evangelio. Inmediatamente después nuestro hijo anotó estas reflexiones: «Cuanto más consiga morir cada día a mí mismo, más renaceré en Jesús. Jesús habla de un grano de trigo caído a la tierra que, si no muere, se queda solo. Todos somos este grano de trigo, en el sentido de que todos estamos en una posición mínima. Pero somos un grano con tanto valor que el Señor se espera de él todo lo imaginable. Tenemos dentro de nosotros un gran recurso que se llama espíritu o alma. Es nuestro componente substancial porque somos compuestos de alma y cuerpo. Pero el alma es sencilla, es decir, no se puede descomponer. No es complicado de entender.

Por tanto, nuestra alma no está hecha para el tiempo y el espacio. Ahora mismo, mientras vivamos, estamos como encerrados en una trampa, en una jaula que se llama espacio-tiempo de la que somos dependientes porque el tiempo y el espacio hacen que nuestra existencia sea difícil. Sin embargo, tenemos el espíritu que siendo simple es inmortal, y siendo inmortal no tiene que permanecer en el tiempo y en el espacio. Ese grano que somos todos nosotros, se pone bajo la tierra para que madure y se puede desarrollar y llegar a "nivel de alma". Esta no quiere ni espacio ni tiempo, sino que está hecha para la Eternidad. Pero más allá de ser este grano, somos también seres racionales y es necesario que colaboremos para que la semilla se desarrolle.

Para poder favorecer este desarrollo que permita a la semilla volverse espiga y trigo, necesitamos dos virtudes que tenemos que practicar: la humildad y la simplicidad. La humildad que es verdad, la humildad que es realidad, la humildad que no consiste en despreciarnos sino en sentirnos por debajo de Dios. Dios y después nosotros. Humildad deriva de la palabra latina *humus* que quiere decir tierra. Por tanto, humilde es aquel que proviene de la tierra, que está debajo y permanece debajo. Si nosotros nos sentimos debajo de Dios, estamos en la proporción adecuada. Y la proporción adecuada está en la humildad. Esta virtud nos hace mantener nuestro lugar. Además, nos invita, nos lleva a fortalecer nuestros recursos que no tenemos que despreciar y que debemos cultivar para gloria de Dios.

La sencillez es la virtud de la no complicación. Simplicidad, del latín *simplex*, compuesto de *sem* y *plicare*. *Sem* que quiere decir "sólo una vez" y *plectere* que quiere decir "doblar". El término opuesto a la palabra "simple" es "complicado". Está compuesto de la palabra *cum* "junto" y *plectere* "doblar". Por tanto, complicado quiere decir "doblado sobre sí mismo", "menos simple", "confuso", "difícil de entender". Así que la simplicidad es el arte de no doblarse, de no complicarse, sino de dejar todo en un plano abierto, a disposición de la gloria de Dios y del bien de nuestros hermanos.

Humildad y simplicidad son dos virtudes que permiten al grano salir de la tierra, desarrollarse y volverse trigo. Este trigo se vuelve harina, esta harina se vuelve pan y este pan se vuelve la especie o apariencia que se necesita en la santa Eucaristía. Cuando Jesús habla de grano de trigo, piensa en Sí mismo como pan consagrado y transubstanciado; y piensa en nosotros como personas que viven de este Pan, que existen en este Pan y que son transportadas a la Eternidad con este Pan. Por tanto, pidamos a Jesús: Oh Dios, hazme un grano productivo, un grano eficiente, un grano eficaz. Jesús, hazme un grano de trigo para que pueda alcanzar tu realidad eucarística de la que real y verdaderamente vivo».

En esta misma línea va otro aspecto de su programa de conversión: la lucha contra el amor propio, es decir, contra el orgullo; y el cultivo de su opuesto, la humildad. Estaba convencido de que su ángel de la guarda le había sugerido esta hermosa frase: "No al amor propio, sí a la gloria de Dios". El "yo" humano, es decir, el "yo" encerrado en sí mismo, es la base del orgullo y el principio radical de todo pecado. El orgullo personal es enemigo del Creador, porque se rebela contra su dominio universal y absoluto. Es enemigo de los hombres porque acentúa las diferencias entre personas y nos vuelve irascibles. Es enemigo de todos nosotros porque intenta alejarnos de nuestro verdadero bien. La lucha contra el amor propio es el empeño constante de cualquier discípulo de Jesús. Reducir el área de acción del orgullo es el inicio de la vida espiritual y es también el inicio de nuestra comunión con Cristo y de nuestra verdadera paz. "Obrar para gloria de Dios" significa actuar manifestando sus cualidades, entre las cuales la primera es la misericordia.

Detengámonos un poco en la humildad. Hay un texto de Carlo que revela como de decisivo consideraba para la vida concreta referirse a la vida de Jesús: «Jesús quiso situar la humildad como fundamento del ascetismo cristiano. La humildad que es fundamento de otra virtud muy predicada por él, la caridad. Es la virtud que permite vivir en sociedad, que junta, que transforma. ¿Qué es la humildad? Es reconocer que todo lo que soy viene de Dios. Es reconocer que todo lo bueno que tengo es para Dios. Es reconocer que el mal que se tiene proviene de mí. La virtud de la humildad es una virtud propiamente cristiana. La ha traído a la tierra, viviéndola primero Él. Muchos dicen que nació pobre, que fue alumbrado en un pesebre... y cosas de este tipo y por esto nació humilde. Pero no es por eso. Haber unido la naturaleza humana a la naturaleza divina fue un gesto de la más sublime humildad. Gracias a esto pudo decir: *Aprended de mí, que soy manso y humilde de corazón.* Tras el bautismo se retiró cuarenta días al desierto. No reacciona, no se opone, no se rebela. Simplemente se deja guiar. Es extraordinariamente manso y sumiso porque todo formaba parte de su plan. A lo largo de su supuesta existencia pública, durante sus diversos viajes, de zona en zona, seguido, perseguido, acosado, envidiado, atacado, desconfiado, humillado y abandonado pone plenamente en práctica lo que enseña: *Aprended de mí, que soy manso y humilde de corazón.* Obediente, dulce, disponible, modesto, servicial, respetuoso, tranquilo, calmado, equilibrado y ejemplar.

El primer vicio capital, la soberbia, no está presente en Él. Por el contrario, sitúa la humildad −una virtud prácticamente desconocida antes de Él− en la base de su ascetismo, de su moral. La coloca como substancia de su espiritualidad. *Aprended de mí,* es decir, partiendo de mí, *que soy manso y humilde de corazón.* En hebreo "de corazón" se dice "de riñones" y significa "de mente" porque era la sede de nuestras decisiones más profundas. *Te amo con todos mis riñones ...* Sólo Dios es Aquel que puede escrutar nuestros afectos y pensamientos más profundos. *Yo soy el que sondea entrañas y corazones, y os daré a cada uno según vuestras obras (Ap 2,23).* Las decisiones con las que merecemos o dejamos de merecer la vida eterna se originan en nuestros corazones y riñones. Los riñones/corazón son la sede de los pensamientos secretos, de la sensibilidad y de las voluntades escondidas. Todos nuestros pensamientos se originan en nuestro corazón y de allí parten todas nuestras decisiones, sean buenas o malas. Es por esto que las Sagradas Escrituras nos exhortan a mantener inocente nuestro corazón y a actuar de manera que no entren en él todas esas cosas que desagradan a Dios: *Sobre todo, vigila tus intenciones, pues de ellas brota la vida* (*Prov* 4,23). Dice Jesús: *Nada que entre de fuera puede hacer al hombre impuro; lo que sale de dentro es lo que hace impuro al hombre* (*Mc* 7,15).

Cuando el Señor habla a nuestro corazón quiere decir que habla a nuestra voluntad, a nuestra mente y a nuestra consciencia. El corazón en la Biblia es el centro de la persona que toma decisiones siguiendo la voluntad de Dios. En el libro del profeta Jeremías encontramos escrito: *Os daré pastores, según mi corazón, que os apacienten con ciencia y experiencia* (3,15) y también: *Tú tienes razón, Señor, cuando discuto contigo* (12,1). ¡Tendríamos que repetirlo todo el rato! Querer discutir con Él solo puede venir del Maligno.

Por tanto, "que soy manso y humilde de corazón" significa que soy humilde de mente. Este es el manifiesto de la virtud originaria y original inventada por Jesús y seguida por su religión. Esta virtud es la humildad, es decir, la capacidad de sentir el mal como si fuese propio y el bien como si fuese de Dios. La capacidad de no juzgar al prójimo, sino solo a nosotros mismos. En efecto, esta humildad caída del cielo con Cristo es la virtud fundamental, básica y central de la espiritualidad católica. Es la humildad que Jesús ejercitó con su encarnación. La humildad en la que Él vivió no proviene tanto del hecho de que nació en un pesebre como de que atravesó todo "ese recorrido agotador que se llama encarnación. Pasó del infinito, su substancia, al finito, su condición. Este paso agotador del infinito al finito es su humillación. Es el ejemplo ininterrumpido de humildad que nos da con la encarnación que experimentó durante una generación entera, de más de treinta años; y que sufrió y ofreció como ejercicio continuo de humildad.

Ahora es necesario que nosotros, los católicos, nos decidamos a vivir esta humildad, es decir, esta virtud fundamental por la que nos arrodillamos delante de Dios y del prójimo, por la que nos sumergimos en una caridad que no es otra cosa que humildad puesta en práctica. Porque toda falta de caridad es una falta de humildad y viceversa. El mundo está repleto de soberbia. El mundo está repleto de orgullo. Porque si fuésemos humildes de verdad, el Señor se arrodillaría delante de nosotros y nos concedería la Gracia. Porque toda gracia que no ha sido concedida es un acto de soberbia: *Aprended de mí, que soy manso y humilde de corazón* (Mt 11,29). *Tened entre vosotros los sentimientos propios de Cristo Jesús. El cual, siendo de condición divina, no retuvo ávidamente el ser igual a Dios; al contrario, se despojó de sí mismo tomando la condición de esclavo, hecho semejante a los hombres. Y así, reconocido como hombre por su presencia, se humilló a sí mismo, hecho obediente hasta la muerte, y una muerte de cruz. Por eso Dios lo exaltó sobre todo y le concedió el Nombre–sobre–todo–nombre; de modo que al nombre de Jesús toda rodilla se doble en el cielo, en la tierra, en el abismo, y toda lengua proclame: Jesucristo es Señor, para gloria de Dios Padre (Flp 2,5-11)*».

Carlo recodaba las palabras lapidarias de Jesús: *Si alguno quiere venir en pos de mí, que se niegue a sí mismo, tome su cruz cada día y me siga* (Lc 9,23).

Para entender hasta qué punto hubiésemos llegado en la reducción del orgullo y en el crecimiento de la humildad y la libertad interior, nuestro hijo sugería mirar la aptitud con la que soportábamos las críticas, ya fuesen justas o injustas. Cuanto más nos molestan y enfadan las críticas recibidas, mayor es el nivel de nuestro desordenado amor propio y más largo será el camino que tendremos que recorrer para desembarazarnos del orgullo, un grave obstáculo en el camino a la santidad.

Estaba convencido de que el hombre estará verdaderamente feliz y en paz cuando quede libre del pecado y de cualquier apego que nos aleja de Dios. Preocuparse de hacer cada vez más hueco a las cosas sobrenaturales de nuestra vida, decidirse de una vez por todas a no atribuir demasiada importancia a las cosas terrenales y poner nuestra confianza únicamente en el Creador. Este es su programa.

19. CARLO TENÍA MUY CLARA LA DIFERENCIA ENTRE DESAPEGO CRISTIANO Y DESPRECIO...

A propósito del desapego de las cosas del mundo, Carlo tenía muy clara la diferencia entre desapego cristiano y desprecio, que no es una actitud evangélica. ¿Tuvo maestros en este aspecto?

Nuestro hijo era un entusiasta de la vida, de sus padres, de sus abuelos, de sus amigos, de las personas que conocía y de las cosas en las que se empeñaba. Sabía que el desapego a las cosas de este mundo que Jesús enseña no significa para nada odio o desprecio de estas cosas, como si fuesen sus antagonistas.

Probablemente le marcaron las palabras que el monje trapista Thomas Merton escribió en *Nuevas semillas de Contemplación*: «El desapego por las cosas no significa establecer una contradicción entre las "cosas" y "Dios", como si Dios fuese otra "cosa", y como si sus criaturas fuesen sus rivales. No nos despegamos de las cosas con el fin de unirnos a Dios, sino más bien nos despegamos de nosotros con el fin de usar todas las cosas en Dios y por Dios. Esta es una perspectiva enteramente nueva, que muchas mentes ascéticas y sinceramente morales no saben ver. No hay mal en nada creado por Dios, ni nada suyo puede ser un obstáculo a nuestra unión con Él. El obstáculo está en nuestro "ser", es decir, en la tenaz necesidad de mantener nuestra separada, exterior y egoísta voluntad. Cuando referimos todas las cosas a este "ser" falso y exterior, nos enajenamos de la realidad y de Dios. Entonces es cuando el falso ser es nuestro dios, y amamos todo por causa de dicho ser. Usamos todas las cosas, por así decir, para el culto de este ídolo que es nuestro ser imaginario. Al hacerlo, pervertimos y corrompemos las cosas, o más bien convertimos nuestra relación con ellas en una relación corrompida y pecaminosa. Por ello, no las hacemos malas, pero las usamos para aumentar el apego a nuestro ser ilusorio[1]».

---

1   T. MERTON, *Nuevas Semillas de Contemplación*, E.D.H.A.S.A, Buenos Aires 1963, 31

20. LA FE SIN LAS OBRAS ESTÁ MUERTA [...]
¿CÓMO VIVÍA CARLO LA CARIDAD HACIA EL PRÓJIMO?

La fe sin obras está muerta. *Así dice el apóstol Santiago en su Carta (2,26). Ya hemos visto como Carlo vivía la caridad hacia Dios con la participación en la Misa cotidiana, la adoración eucarística y la oración personal. Ahora os pido que me recordéis cómo vivía la caridad hacia el prójimo.*

Hay muchísimas anécdotas. Tenemos que reducirlas necesariamente teniendo en cuenta el espacio de estas páginas. El primer recuerdo en orden cronológico remite a cuando tenía cinco años y medio. Había conocido la Obra de San Francisco para los pobres de Milán a cargo de los Hermanos Menores Capuchinos en Viale Piave. En particular se encontró con el padre Giulio Savoldi, (diputado postulador y confesor del venerable fray Cecilio Maria Cortinovis, el padre portero fundador de esta obra), y le entregó todo el dinero que había puesto en su hucha diciendo que era para los niños más necesitados. Años más tarde, el padre Salvoldi se acordaba perfectamente de este gesto: le conmovió que un niño así de pequeño fuese así de generoso. Incluso mucho tiempo después continuó frecuentado esta obra para los pobres y muchos lo recuerdan como un niño luminoso y muy atento a las necesidades de los otros, deseoso de aliviar el sufrimiento y el dolor del que era menos afortunado.

También su niñera, Beata, que pasaba mucho tiempo con él, cuenta siempre que desde que era pequeñito si encontraba algún sintecho se le acercaba con gran simplicidad, le hablaba, se interesaba por él, le saludaba y sonreía.

Cuando fue más mayor aprendió que a menudo las residencias públicas no tenían suficiente espacio y nos comentó que hubiese querido organizar una obra dedicada sobre todo a los sintecho. Se imaginaba una gran casa en la que cada huésped pudiese tener su habitación personal.

Muchas de sus obras de caridad las conocemos porque nos pedía permiso para comprar algunas cosas para los pobres como sacos de dormir que entregaba en persona a los sintecho que dormían en las calles cercanas a nuestra casa en Milán. O como las fiambreras térmicas o los termos. Una vez comprados, los rellenaba con parte de su cena, con fruta, con galletas, bocadillos y dulces. Después, junto a nuestro mayordomo, Rajesh, se lo llevaba a los sintecho que paraban alrededor del Arco de la Paz que está al lado del Parque Sempión y delante de nuestra parroquia de Santa Maria Secreta. Siempre con su paga y con nuestro permiso compraba algo de ropa y se lo regalaba. Ponía en práctica lo que solía decir santa Teresa de Calcuta: «El bien lo puedes hacer también debajo de casa, sin necesidad de tener qué hacer quién sabe que viajes».

También conservaba esta costumbre cuando nos íbamos de vacaciones a Asís. Una vez, caminando más allá de la iglesia de san Esteban, se dio cuenta de una persona que dormía en el jardín público. Ese mismo día, después de la cena le llevó parte de su comida. Desde ese día pidió a su abuela Luana que preparase siempre un poco más de comida para llevarle a aquel hombre. A veces le dejaba también algo de dinero a parte de la cena. Cuando salía a jugar con Mattia y Jacopo, sus mejores amigos de Asís, si se encontraba con algún pobre, también se paraba a hablar con él y le daba algo de dinero si tenía.

No sólo daba a los pobres comida, ropa o dinero; sino que les daba su atención, su palabra, su oración. Por ejemplo, cuando estaba en el instituto Leone XIII conoció a través del colegio a una persona anciana con una grave discapacidad. Se propuso visitarla regularmente y así lo hizo. Le llevaba siempre pastas, compradas con sus ahorros y le ofrecía su consuelo y afecto.

Delante de la parroquia de Milán había conocido otro anciano, un pobre mendigo de 80 años. No tenía a nadie que se preocupase de él. Padecía diabetes y patologías cardiacas. Por eso estaba a menudo en el hospital. Carlo nos pidió muchas veces permiso para ir allí visitarlo y llevarle las cosas necesarias para su estancia.

Otra vez nos llamó a casa y nos pidió permiso para hacer un poco de compra para dos niños gitanos. Obviamente se lo dimos y los acompañó al supermercado a hacer la compra.

Después de la muerte de nuestro hijo conocimos a dos personas que, al no encontrar trabajo, pedían delante de la parroquia de Milán. Nos contaron que siempre les asombraba su sonrisa radiante. Lo recordaban con gran nostalgia. Siempre los trataba con gran amabilidad y educación. Incluso cuando no tenía nada para darles, se paraba, hablaba con ellos, se interesaba por sus problemas, por su vida y por su futuro. Con sus palabras tenía la capacidad de infundir esperanza y coraje. Uno de estos dos mendigos había dicho a Carlo que Giuseppina, una sintecho que se paraba en los jardines delante de nuestra parroquia, había caído en depresión y se estaba dejando morir en un banco. Nadie se interesaba por ella. Entonces, nos pidió permiso para ayudar a que curaran a Giuseppina. Una vez obtenido nuestro permiso, consiguió convencerla de ingresar en el hospital Fatebenefratelli. Estuvo hospitalizada más de 40 días. Durante su estancia íbamos a visitarla juntos. Cuando terminó, Giuseppina incluso había conseguido que se le asignara una casa de protección oficial.

Un hombre de alrededor de 50 años había perdido el trabajo y pedía limosna en los escalones de nuestra parroquia de Milán. Carlo se encontraba siempre con él entre semana al final de la Misa de la tarde, le regalaba un poco de dinero y se paraba a hablar con él. Así descubrió otra de sus necesidades: necesitaba una bicicleta para moverse más rápido. Inmediatamente nos pidió permiso para regalarle una. Tenía como una atención especial por los sintecho. Los empezaba a conocer yendo a servir al comedor para pobres fundado por las Hermanas de Santa Teresa de Calcuta. Entre estos había muchos de religión musulmana. También con ellos mantenía una relación de amistad. Si se encontraban por la calle, en ocasiones y en contestos muy diferentes, se saludaban con gran cordialidad y a veces los invitaba a comer un bocadillo.

Todos estos cuidados y atenciones hacia los pobres, los enfermos o los que sufrían, tenían una base firme: reconocía en estas personas la presencia actual y viva de Jesús. Sabía que como dice Jesús en el *Evangelio según Mateo* 25, Él, el Señor, se identifica con el sediento, el hambriento, el encarcelado y el necesitado. En estas personas Cristo está presente en la condición de Crucificado.

Cuando daba al pobre una manta, un saco de dormir o parte de su cena; a su mente venía la noche del nacimiento de Jesús cuando le fue negado todo. Había señalado: «El Señor Jesús se había encarnado eligiendo a una pobre muchacha de solo 15 años como madre y un pobre carpintero como padre putativo. Cuando nació la gente que no sabía dónde meterlos los rechazó y al final alguno les encontró un establo. Pero si pensamos bien en el Establo de Belén, era seguramente mejor que muchas cosas de hoy en día donde el Señor es rechazado y a menudo también ultrajado porque se le recibe de manera indigna. Una pobre muchacha de 15 años junto a un pobre carpintero eran los padres de Dios, que eligió la pobreza y no el lujo».

El ejemplo de dos santos de los que era muy devoto también le ayudaba a vivir la caridad hacia el prójimo: san Francisco de Asís y san Antonio de Padua. Además, le ayudaba el coraje de don Oreste Benzi, el fundador de la Comunidad Papa Juan XXIII. Don Oreste (cuya causa de canonización está en curso) se volvía prójimo de los últimos, de los enfermos, de las mujeres caídas en la trata y de los drogadictos con su caridad fraterna. Carlo lo consideraba una "auténtica cascada de luz en un oscuro océano en tempestad".

La abuela Luana nos contó que, paseando un día con Carlo, que tenía entonces 6 años, en dirección al parque Solari con nuestra perra Chiara, se divertía haciendo que esta le trajese de vuelta los palos y piedras que le lanzaba. En un momento dado, se acercó otro niño y comenzó a jugar con nuestro hijo. Se hicieron amigos. También Luana se volvió amiga de su niñera. Algunos días más tardes, la niñera llegó con el rostro empapado por las lágrimas. Carlo lo notó y le preguntó por qué: sus padres habían sufrido un tifón en Filipinas, su casa había quedado destruida y su madre estaba llena de fracturas. Estaba desesperada, en parte porque no tenía dinero para mandar a sus padres. Antes de la cena, cogió sus ahorros de la hucha, nos pidió a nosotros y a la abuela más dinero y muy contento entregó a la niñera el dinero recaudado.

Cuando se hizo adolescente, adoptó a distancia algunos niños gracias a asociaciones provida especializadas con el dinero que le regalaban o que ahorraba. En el verano de 2006 estaba proyectando trabajar el verano siguiente en la piscina municipal de Asís. Así tendría una experiencia directa de trabajo y entendería el valor del dinero ganado. Su propósito también era disponer de más recursos para ayudar a los más necesitados y adoptar más niños.

Su caridad no era sólo limosna, era atención al prójimo, a sus necesidades. De pequeño le encantaban los Lego. Pero si conocía a un niño que no podía permitirse comprar esos u otros juguetes, inmediatamente le regalaba los suyos. Ya casi adolescente, cuando iba a nadar a la piscina de Asís, procuraba estar disponible para cualquier servicio de la piscina de manera que el personal de turno pudiese ir a comer serenamente.

La caridad no es sólo hacer, sino también soportar y perdonar las ofensas recibidas. También en esto nos da un valioso ejemplo. Sus compañeros sabían que participaba en la Misa todos los días y por eso le tomaban el pelo o, peor, lo ofendían. Como también por el hecho de que vistiese no a la última moda, sino a lo clásico y aun así sin estilo. Carlo como ya estaba acostumbrado desde pequeño no reaccionaba a las ofensas, callaba, aguantaba. Aceptaba las humillaciones, las ofrecía a Jesús con la oración sabiendo que el mismo Jesús, verdadero Dios y verdadero hombre, ha vivido la humildad en el silencio, en la oración de ofrecimiento al Padre de sí mismo.

La caridad es, además, socorrer y defender al pobre. A él le salía sólo estar de parte del débil. De la misma manera en la que socorría a los sintecho ayudaba al compañero de clase que tenía problemas con alguna asignatura o con el ordenador sin agobiarlo. También en las horas extraescolares trabajaba duro y nunca presumía ni perdía la paciencia. Siempre estaba sonriente. No dejaba que el juicio o el pitorreo de los otros le parase, sino que defendía con coraje a los compañeros discapacitados o tomaba cartas en el asunto incluso delante de los profesores.

Citamos el testimonio que el padre jesuita Roberto Gazzaniga, entonces presidente del instituto Leone XIII de Milán, dejó durante el proceso que la archidiócesis de Milán llevó a cabo para la beatificación: «Data precisamente de esa época su atención hacia los que percibía "un poco fuera del tiesto". Algunos chicos necesitan un poco de tiempo para familiarizarse con un nuevo contexto de escuela y compañeros. Desde los primeros días, Carlo se acercó con discreción, respeto y valentía a los que más les costaba adaptarse a su nueva realidad de clase y del instituto. Algunos meses después de su separación de la vida terrenal y de sus compañeros, cuando los escuchamos y preguntamos sobre alguna característica de nuestro hijo que los hubiese impresionado, varios de ellos destacaron su delicadeza a la hora de darse cuenta desde el primer día de clase de a quién le costaba más adaptarse para acercarse a ellos y facilitarles la integración en el grupo. También les exhortaba a no desesperarse por la situación y a buscar superar reticencias y silencios. Muchos compañeros le agradecen esta capacidad de crear y facilitar relaciones, de trasmitir fe y cercanía sin intromisiones.

Su capacidad para estar presente y hacer sentir al otro presente era una característica suya que me sorprendió pronto. Se paseaba con gusto por los pasillos y las dos plantas del instituto durante el recreo más largo de media mañana poniéndose en contacto con estudiantes y profesores. A menudo lo acompañaba algún compañero que, si no hubiese estado acompañado por él, se encontraría en su escritorio solo esperando a que terminara el recreo.

Tenía una capacidad de iniciativa y de implicación propia de las personas respetuosas, vivaces y muy juveniles en su exuberancia. A varios adultos les impresionó su notable capacidad natural de iniciativa y cortesía, ajena a la familiaridad. El "histórico portero del Instituto" recuerda con emoción la delicadeza de Carlo cuando algunas mañanas venía expresamente a saludarlo a la portería central porque había entrado por la puerta "de al lado de la piscina". Un gesto vivido con espontaneidad, repetido más veces con una verdadera participación que sorprende porque a menudo los adolescentes saludan o no, según su humor.

Su solidaridad y la búsqueda de contacto directo no dejaban a nadie indiferente. Un chaval simpático que lograba consenso y adhesión a su alrededor. Me ha sorprendido siempre el hecho de que por sus innatas cualidades y capacidades, muy por encima de la media, no se convirtiese en blanco de bromas y jugarretas. Normalmente, los chavales entre ellos, cuando uno es excelente, son muy hábiles para "redimensionarlo" con indirectas, alusiones y burlas. En una edad caracterizada por fuertes contradicciones y competiciones, para un adolescente no es fácil reconocer el valor superior del otro, la riqueza de los talentos recibidos y adquiridos. Este es otro elemento que lo hace grande a mis ojos. La bondad y la autenticidad de su persona ganaron a los juegos de revancha destinados a rebajar el perfil de aquellos dotados de notables cualidades.

Su transparencia es claramente un valor vivido. Nunca escondió su fe e incluso en charlas o encuentros-desencuentros verbales con los compañeros de clase adoptaba una posición respetuosa con las opiniones ajenas sin renunciar a la claridad de decir o testimoniar los principios inspiradores de su vida cristiana. Cuando un hermano de mi fraternidad entró en la clase de Carlo para proponer la participación en un grupo extraescolar llamado: Comunidad de Vida Cristiana CVX. Al final de la propuesta Carlo lo alcanzó rápidamente en el pasillo diciéndole: "A mí me interesa ese itinerario evangélico que has expuesto". Fue el único de toda la clase que tomó partido y declaró su interés real por aquella propuesta agregativa».

21. ¿De qué manera vivía Carlo la relación entre dolor inocente y fe?

El dolor de los inocentes constituye un escándalo para algunos. De frente a tragedias que golpean a inocentes, sobre todo a niños, algunos pierden la fe o empiezan a dudar de la bondad de Dios ¿De qué manera vivía Carlo la relación entre dolor inocente y fe?

Carlo solía decir: «Desde el nacimiento nuestro destino terrenal está marcado porque estamos todos invitados a subir al Gólgota y a cargar nuestra cruz». El sufrimiento de cada uno es participación en el Viacrucis de Jesús. Es un misterio superior a nuestras capacidades que, aun así, nos desvela el inmenso amor de Dios por nosotros. «Incluso si no puede ser comprendido plenamente —decía siempre Carlo— puede ser acogido con gratitud y amor. Una vez acogido, este misterio cambiará nuestro corazón y nuestra vida. Nos ayudará a comprender cuál es el verdadero amor según Dios y, por el contrario, a no dejarnos engañar por todos aquellos que son los sucedáneos del amor que el mundo nos presenta y que no son de ninguna utilidad para los hombres. El Verbo de Dios se ha encarnado para restituirnos la gracia perdida a causa del pecado original y que continuamos perdiendo cada vez que cometemos los pecados actuales. Jesús podría haber llevado a cabo su obra redentora perfectamente sin dolor. Ciertamente no le faltaban medios, sistemas y métodos aptos para alcanzar el fin de la salvación sin tener que recurrir al sufrimiento. Pero eligió la Cruz, la humillación, la pasión».

La fe en Cristo muerto y resucitado revoluciona nuestro punto de vista del sufrimiento, el dolor o los trágicos problemas de la vida que se vuelven cruces, es decir, formas concretas en que cada cristiano participa en los hechos de la salvación con su granito de arena. Por tanto, si se ven así, si se aceptan con fe y en unión con Cristo, estas cruces se vuelven causa de salvación para nosotros mismos, para las almas del purgatorio y para nuestro prójimo por el que rezamos.

Leía habitualmente un clásico de la espiritualidad cristiana, *Imitación de Cristo*, en el que está escrito que "toda la vida de Cristo fue cruz y martirio". Nuestro hijo desarrollaba este concepto afirmando que Jesús en el fondo sufrió siempre, desde el momento en que había asumido la naturaleza humana. Piensa en la pobreza de su vida y las privaciones. Primero la huida y exilio en Egipto, después la vida pública, salpicada de amenazas de muerte y continuas humillaciones, sin ningún privilegio, más bien, con trampas para condenarlo a muerte. Y finalmente los días de su pasión, la traición y la huida de sus discípulos, la detención como si fuese un bandido, el juicio, las calumnias, el desprecio, la sangrienta flagelación y los clavos de la cruz. Habría podido salvarse de otro modo. ¿Pero por qué ha elegido justo este modo? Sólo por amor hacia nosotros: *Nadie tiene amor más grande que el que da la vida por sus amigos* (*Jn* 15,13). Quien ama está dispuesto a sacrificar la propia existencia por la persona amada.

22. ¿CÓMO HABÍA MADURADO CARLO ESTE SENTIDO TAN CRISTIANO DEL DOLOR Y EL SUFRIMIENTO?

¿Cómo había madurado Carlo este sentido tan cristiano del dolor y el sufrimiento?

Probablemente a través de la lectura de la vida de santos y de sus escritos. Por ejemplo, había leído las enseñanzas de san Ignacio de Loyola: «Si Dios te envía muchos sufrimientos es una señal de que Él tiene grandes planes para ti, y ciertamente, desea hacerte Santo». Conocía el episodio de Santa Teresa de Ávila que, mientras estaba entrando en su convento, fue sorprendida por una repentina tormenta, resbaló del caballo y cayó en medio del fango. Entonces, se dirigió con gran ironía a Jesús: «Si es así como tratáis a tus amigos, ¡no sorprende que tengáis tan pocos!».

Le tocó mucho la experiencia de vida de la beata Alexandrina Maria da Costa. Recibió los estigmas y por 14 años permaneció en cama, alimentándose sólo de la Eucaristía. El Señor se le había aparecido y le había dado como programa de vida: "Amar, sufrir, reparar". Después, la misma Virgen la había animado a aceptar este programa de inmolación: «Nuestra Señora –decía Alexandrina Maria– me ha hecho una gracia todavía mayor. Primero la resignación, después la conformidad completa con la voluntad de Dios y finalmente el deseo de sufrir».

Sabía que el camino que conduce a la vida beata pasa por una *puerta estrecha*, como dice el mismo Jesús (*Mt* 7,13) y que todo contribuye a nuestro bienestar si se ofrece a Dios con fe y confianza.

Él mismo escribió: «Misteriosamente cada sufrimiento tiene dos caras: la consecuencia de un trastorno que lo causó y la acción purificadora de la misericordia de Dios, perfectamente unida a su justicia. En su infinita sabiduría ha predispuesto que el mal, fruto del pecado, es decir, de la rebelión contra su persona, contribuyese al bien de aquellos que lo aman mediante su purificación y santificación». Nuestro hijo ve estrechamente unidas la misericordia y la justicia divinas que redimen al hombre de las consecuencias de su pecado. El Señor no abandona al hombre en su situación de desorden, no lo deja solo, sino que continuamente llama a su corazón para darle su gracia y su paz.

Para comprender algo de este misterio, citaba siempre las Escrituras: *Pues eso es realmente una gracia: que, por consideración a Dios, se soporte el dolor de sufrir injustamente* (*1 Pd* 2,19). También recordaba la profecía del Siervo sufriente de Jahvè: *Mi siervo justificará a muchos, porque cargó con los crímenes de ellos. Le daré una multitud como parte, y tendrá como despojo una muchedumbre. Porque expuso su vida a la muerte y fue contado entre los pecadores, él tomó el pecado de muchos e intercedió por los pecadores* (*Is Is* 53,11-12). El Siervo sufriente de Jahvé quita "el pecado del mundo" cuya consecuencia es la enfermedad.

El profeta Isaías, que vivió al menos 600 años de la pasión de Cristo, anuncia algo grandioso: el sufrimiento del justo da la Salvación a todos y cancela los pecados de los demás. Esta profecía se realiza con la pasión y la muerte de Jesús en la cruz. Solo la Pascua de Jesús revoluciona el sentido del sufrimiento, lo rescata, lo hace propio y lo hace volverse causa de salvación eterna para todos sus discípulos. Es la ocasión perfecta para citar al pie de la letra el *Catecismo de la Iglesia Católica* (n. 1473): «El perdón del pecado y la restauración de la comunión con Dios entrañan la remisión de las penas eternas del pecado. Pero las penas temporales del pecado permanecen. El cristiano debe esforzarse, soportando pacientemente los sufrimientos y las pruebas de toda clase y, llegado el día, enfrentándose serenamente con la muerte, por aceptar como una gracia estas penas temporales del pecado; debe aplicarse, tanto mediante las obras de misericordia y de caridad, como mediante la oración y las distintas prácticas de penitencia, a despojarse completamente del "hombre viejo" y a revestirse del "hombre nuevo" (cf. Ef 4,24)».

23. ¿Podríais comentar algo sobre oración de Carlo?

Jesús enseña en su primer discurso público: Cuando ores, entra en tu cuarto, cierra la puerta y ora a tu Padre, que está en lo secreto, y tu Padre, que ve en lo secreto, te lo recompensará (Mt 6,6) *Podéis contarnos algo de la oración de Carlo?*

En su cuarto de Milán custodiaba un icono, una reproducción de la Madre de Dios de Vladimir. Le tenía mucho cariño porque decía que con los iconos es posible dialogar. Conocía la enseñanza de san Juan Damasceno sobre ellos. Por tanto, sabía que no son simples cuadros, sino que están como "llenos de la energía y gracia divina". Son como una prolongación del Cuerpo de Cristo, que es la humanidad de Cristo glorificado y la humanidad de las comuniones de los santos. Cristo glorificado y los santos participan en la materia física del icono, en su santidad. Son, por lo tanto, una especie de teofanía, de manifestación de Dios y de los santos en ellas representados. Son una ventana que nos permite acceder a la belleza de la comunión divina que nos espera en la plenitud del Más-allá.

Amaba rezar en silencio delante de este icono, así como amaba retirarse a las colinas de Asís para rezar en silencio. No buscaba huir del mundo, sino de las distracciones del mundo, para escuchar la voz de Dios, para meditar su palabra. Cada tanto nos decía: «La oración es la lengua del Cielo», es decir, el amor mutuo en la Santísima Trinidad. Permanecer unido a este Amor, que es Dios, le bastaba.

Decía también: «A medida que aumentemos nuestra capacidad de amar, nos volveremos siempre más honestos y puros y podremos decir con ánimo libre: Dios es mi "todo". Solos no seremos capaces de añadir una sola hora a nuestra vida, ni podremos procurarnos por nosotros mismos las gracias que necesitamos, sino que tendremos que pedírselo siempre a Él. Rezar nos hacer mirar todo desde el punto de vista de la Eternidad. Las dificultades de este mundo no nos parecerían nada si las mirásemos desde esta perspectiva».

Consideraba las oraciones vocales un medio muy eficaz para estar unido a Dios. Para él hundirse con el Señor en el recogimiento y la oración era como entrar en el Cielo por una puerta y sentarse en el sitio que tenía reservado para la Eternidad.

Tenía una predilección por el santo rosario: cada día recitaba 5 misterios. Lo recitaba también a cachos mientras iba a la escuela o en el autobús, mientras paseábamos o en casa después de la cena. Mediante el rosario unía dos grandes aspectos: la oración vocal y la mental, es decir, la meditación de los hechos salvíficos de la vida de Jesús. Ya hemos dicho como tenía como punto de referencia la imitación de la vida de Jesús y el rosario lo ayudaba a mirar y meditar algunos momentos de su vida a través de la mirada de María que –como dice el *Evangelio de Lucas* 2,19– *conservaba todas estas cosas* (es decir, los hechos relacionados con la vida de Jesús), *meditándolas en su corazón.*

Meditaba también la anunciación del ángel a María. Decía que: «Al acoger el mensaje del ángel que le anunciaba el nacimiento del Salvador, con su sí María nos ha dado el icono ideal con el que modelar también nuestra vida». El rosario nos educa en muchos métodos de oración, por ejemplo, en la meditación y la repetición de las letanías del Ave María. Esta unión hace que los hechos de salvación de la vida del Salvador bajen de la mente a las palabras y luego al corazón. El mismo ritmo de la oración vocal eleva nuestra mente al Creador mientras la consideración de la vida de Cristo nos ayuda a no distraernos y a meditar un fragmento del Evangelio.

Sabía que lo ideal sería recitar el rosario junto a otros o en la Iglesia. De hecho, la Iglesia concede la indulgencia plenaria (que es el perdón de las penas temporales causadas por nuestros pecados) a quien recite 5 misterios del rosario o solo en una iglesia o también con otras personas, aunque no esté en una iglesia. Eso sí, siempre y cuando la persona esté en gracia de Dios, se confiese y reciba la Eucaristía en los ocho días sucesivos, rece al final de rosario por las intenciones del papa y tenga el corazón alejado de cualquier pecado, incluso de los veniales. Pero si no podía recitar el rosario en la iglesia, Carlo tenía en cuenta en consejo que san Pio de Pietrelcina había dado a Margherita Cassano, una de sus hijas espirituales. Ella le había preguntado: «Padre, me han dicho que la oración realizada en común vale más que la recitada en soledad según lo que ha dicho Jesús: *Porque donde dos o tres están reunidos en mi nombre, allí estoy yo en medio de ellos* (*Mt* 18,20). Yo rezo el rosario sola en casa, sola por la calle o sola en el trabajo». El padre

Pio le respondió: «¿Y por qué no recitas nunca el rosario con tu ángel de la guarda? Las Ave María se las confías a él y la Santa María las reservas para ti. El Ave, como nos ha dicho san Luca, es el saludo de Dios a María puesto en boca de un ángel. Por ello, es bueno y bonito que haya ángeles custodios para decírselo». De esta manera, también nuestro hijo cuando estaba solo imitaba a Margherita Cassano: recitaba el rosario invitando a su ángel de la guarda.

Además, conocía las 15 promesas que en el 1464 María hizo a Alano de la Roche, un hermano dominico francés, que más tarde se volvió un gran predicador y promotor de la oración del rosario:

«1.- El que me sirva, rezando diariamente mi Rosario, recibirá cualquier gracia que me pida.

2.- Prometo mi especialísima protección y grandes beneficios a los que devotamente recen mi Rosario.

3.- El Rosario será un fortísimo escudo de defensa contra el infierno, destruirá los vicios, librará de los pecados y exterminará las herejías.

4.- Hará germinar las virtudes y también hará que sus devotos obtengan la misericordia divina; sustituirá en el corazón de los hombres el amor del mundo al amor por Dios y los elevará a desear las cosas celestiales y eternas. ¡Cuántas almas por este medio se santificarán!

5.- El alma que se encomiende a él no perecerá.

6.- El que con devoción rezare mi Rosario, considerando misterios, no se verá oprimido por la desgracia, ni morirá muerte desgraciada; se convertirá, si es pecador; perseverará en las gracias, si es justo, y en todo caso será admitido a la vida eterna.

7.- Los verdaderos devotos de mi Rosario no morirán sin auxilios de la Iglesia.

8.- Quiero que todos los devotos tengan en vida y en muerte la luz y la plenitud de la gracia, y sean partícipes de los méritos de los bienaventurados

9.- Libraré pronto del purgatorio a las almas devotas del Rosario.

10.- Los hijos verdaderos de mi Rosario gozarán en el cielo una gloria singular.

11.- Todo lo que se me pidiere por medio del Rosario se alcanzará prontamente.

12.- Socorreré en todas sus necesidades a los que propaguen mi Rosario.

13.- Todos los que recen el Rosario tendrán por hermanos en la vida y en la muerte a los bienaventurados del cielo.

14.- Los que rezan mi Rosario son todos hijos míos muy amados y hermanos de mi Unigénito Jesús.

15.- La devoción al santo Rosario es una señal manifiesta de predestinación a la gloria».

Su predilección por el rosario creció todavía más poco después de nuestro primer peregrinaje a Fátima. María había invitado en la aparición del 19 de agosto de 1917 a los tres jóvenes videntes a rezar y ofrecer sacrificios: «Rezad, rezad mucho. Haced sacrificios por los pecadores, que muchas almas van al infierno porque no hay quien rece y se sacrifique por ellas». Se había tomado al pie de la letra estas palabras y había reconocido que no hacía bastantes sacrificios y oraciones por los que estaban lejos de Dios. También había soñado con uno de los videntes, Francisco:

le pedía a Carlo que buscase refugio en la oración personal y que ofreciese sacrificios para que los hombres amasen más la Eucaristía. Pocos días después de la muerte de sor Lucia en el 2005, nuestro hijo soñó con ella: le confesaba que con la práctica de los Primeros 5 Sábados del mes cada creyente podía cambiar el mundo. A menudo decía: «Después de la santa Eucaristía, el santo rosario es el arma más poderosa para combatir al demonio y la escalera más corta para subir al Cielo».

Leía también la *Carta del apóstol Santiago* (5,16-20) en la que se nos enseña la importancia de la oración de intercesión por los otros: *Por tanto, confesaos mutuamente los pecados y rezad unos por otros para que os curéis: mucho puede la oración insistente del justo. Elías era semejante a nosotros en el sufrimiento, y rezó insistentemente para que no lloviera, y no llovió sobre la tierra durante tres años y seis meses. Volvió a rezar, y el cielo dio la lluvia y la tierra produjo su fruto. Hermanos míos, si alguno de vosotros se desvía de la verdad y otro lo convierte, sepa que quien convierte a un pecador de su extravío se salvará de la muerte y sepultará un sinfín de pecados.*

Convencido de todo esto, Carlo rezaba por sus amigos, se los confiaba a Dios, sobre todo a los que consumían drogas, se emborrachaban y perdían tardes enteras en la discoteca. A menudo lo invitaban a ir con ellos, pero nos decía más veces que prefería seguir las sugerencias de su ángel de la guarda, es decir, no ir, rezar por sus amigos y hacer rezar también a los monjes y monjas contemplativos por ellos.

Además de la oración de las personas consagradas, consideraba muy importante la de los padres por los hijos: «Si algún día a estos chavales incluso les llegase a ocurrir que, creciendo, se olviden del camino que lleva a Dios; el Señor antes o después se acordará de las oraciones que han recitado juntos en familia y los reconducirá al redil». Dios escucha siempre las oraciones hechas con sinceridad de un padre o una madre y las atenderá en el momento oportuno.

24. ¿LA ORACIÓN DE CARLO QUÉ RELACIÓN TENÍA CON LA EUCARISTÍA?

Habéis recordado la frase «Después de la Eucaristía el rosario es el arma más poderosa». ¿La oración de Carlo qué relación tenía con la Eucaristía?

Si no consideramos la Eucaristía –bien como sacramento celebrado, es decir, la Misa; bien como presencia real y permanente en el sagrario– no entenderemos nada de la vida de Carlo. Su vida espiritual se situaba dentro del Misterio Eucarístico. De pequeño, cuando pasaba las tardes con Beata, lo llevaba a Misa porque ella tenía la costumbre de participar todos los días. Él iba con mucho gusto, aunque por su edad no podía todavía recibir la comunión. Después, cuando con siete años, el 16 de junio de 1998, hizo la primera comunión, continuó yendo a diario. Lo hacía con más ímpetu y adoraba la Eucaristía antes o después de la Misa.

El día de la Primera Comunión estaba contentísimo, radiante, y nos dijo su primer propósito: «Estar siempre unido a Jesús, este es mi programa de vida». Seguramente se confió a la Eucaristía para madurar en la gracia santificante y así vio las puertas del Cielo abiertas de par en par. Probablemente la centralidad que el reconocía a la Eucaristía se la habían inspirado las monjas de Perego, de marcada espiritualidad eucarística. En su iglesia y en presencia de su comunidad había recibido la Primera Comunión. Unos días después escribió: «Cuantas más Eucaristías recibamos, más parecidos nos volveremos a Jesús y ya en esta tierra saborearemos el Paraíso».

Se consideraba muy afortunado: «Si lo pensamos bien —decía— nosotros somos mucho, pero mucho más afortunados que los que vivieron hace 2000 años junto a Jesús en Palestina. Los apóstoles, los discípulos, la gente de aquel tiempo, sí, podían encontrarlo, tocarlo, hablarle; pero aun así estaban limitados por el espacio y el tiempo. Muchos tenían que hacer kilómetros a pie para encontrarlo, pero no siempre era posible aproximarse, porque estaba siempre rodeado de una multitud. Pensemos en Zaqueo que para verlo escaló un árbol. Sin embargo, a nosotros nos basta bajar debajo de casa a la iglesia más cercana. ¡Tenemos Jerusalén debajo de casa!». «Las personas que vivieron al lado de Jesús no podían alimentarse de su Cuerpo y de su Sangre como podemos hacer nosotros. No podían adorar la eucaristía a través de la cual Jesús se transfigura y nos asimila cada vez más a él. Es Él quien nos ha dicho: *Sed perfectos, como vuestro Padre celestial es perfecto* (*Mt* 5,48) y Él, escondiéndose en la Eucaristía, nos da Él mismo, su Cuerpo, su Sangre, su Alma y su Divinidad y nos ayuda a realizar nuestra santificación. Jesús nos invita a caminar junto a Él: *El que tenga sed, que venga a mí y beba; el que cree en mí; como dice la Escritura: "de sus entrañas manarán ríos de agua viva* (*Jn* 7,37-38)"».

«Si la gente entendiese la importancia de la Eucaristía, habría tantas filas para ir a hacer la comunión que no se podría ya entrar en las iglesias». Para nuestro hijo la Eucaristía era la realidad más sobrenatural, porque en ella Dios se vuelve presente y, al mismo tiempo, es la realidad más fácilmente accesible para todos: es signo real de su benevolencia por nosotros.

25. ¿Recordáis otras cosas que decía Carlo sobre la Eucaristía?

Su frase «La Eucaristía es mi autopista al Cielo» ha dado la vuelta al mundo. ¿Recordáis otras cosas que decía Carlo sobre la Eucaristía?

Estaba enamorado de este sacramento y nos hablaba a menudo. Por ejemplo, nos decía: «Los sacramentos no son siete, sino seis más uno. Seis dan o devuelven la gracia. Uno, la Eucaristía, es la fuente de la gracia. Por tanto, cuanto más "en", "con" y "por" este sacramento más se nos acerca la gracia y más gracia es introducida en nosotros. Las distintas oraciones, las distintas novenas, las diversas peregrinaciones, las distintas semanas por la unidad de los cristianos sin la Eucaristía son "agua de borrajas"».

Con estas sencillas y familiares palabras asimiló la síntesis de santo Tomás de Aquino: «Hablando en absoluto, la Eucaristía es el más importante de todos los sacramentos (...) Todos los demás sacramentos están ordenados a la Eucaristía como a su fin» (Suma Teológica, III Parte, q. 65, a. 3) y

«La santificación que estos [los sacramentos] nos comunican nos prepara para recibirla o para consagrarla [la Eucaristía]» (Suma Teológica, III Parte, q. 73, a. 3).

«Para tener más gracia es necesario frecuentar asiduamente el sacramento de la Eucaristía». «Es necesario que cada uno adapte su yo a la Comunión, es decir, debe realizar un esfuerzo cotidiano para mejorarse. ¿Cómo? Abandonando un defecto tras otro y conquistando una virtud tras otra. Todo el secreto está en esto. Se han pasado 951 años del cisma de Oriente y 488 de la revuelta protestante. Sucedió porque se buscaba estudiar demasiada teología e historia, pero no se buscaba volverse santos». «El diseño de la bondad de Dios consiste en que la gracia circule de tal manera que los cristianos de las tres confesiones se sientan empujados a la unidad. La vida cristiana cotidiana tiene que ser substancial y esencialmente caracterizada por esta acumulación, por este almacenaje, por este aprovechamiento de la gracia. Todo lo demás está al margen, o como máximo es aportación y nada más».

Carlo decía que la adoración eucarística es adorar al Creador, por lo que en ella encontramos la creación entera. Además, sabía que, haciendo adoración eucarística durante al menos media hora, podría conseguir la indulgencia plenaria según las condiciones establecidas por la Iglesia —que hemos ya visto a propósito del rosario— y que podría aplicar la indulgencia a sí mismo o a los difuntos que están en el purgatorio. También nos decía que, aunque no es fácil vivir la principal condición requerida, es decir, no tener ningún afecto por el pecado, ni siquiera por el venial; no es necesario despreciar la gracia del perdón y de la indulgencia, que se nos regalan en virtud de los méritos de Jesucristo, de los santos y del poder que Jesús confirió a Pedro para atar y desatar los pecados (cf. *Mt* 16,19).

También nos proponía su interpretación de la última frase que Jesús pronunció en el *Evangelio según Mateo* (28,20): *Sabed que yo estoy con vosotros todos los días, hasta el final de los tiempos*. «El "con vosotros" significa una vida en común. Vida en común significa convivencia, coparticipación, colaboración, planes para dos, interacción, armonía organizativa, preguntas y respuestas, actividades concretas, ideas innatas, ideales perseguidos juntos, valores vividos juntos, valores defendidos juntos y valores mejorados juntos. "Con vosotros" es el sagrario comprendido, es el sagrario ayudado, es el sagrario colaborado. Hay que dar vida a las dos palabras y cobran vida sólo si están dentro de la palabra "vida-Eucaristía". Al ganar conocimiento sobre esto, al reapropiarse de ello, al gestionarlo y al maniobrarlo, el "con vosotros" se aplica por fin. El programa trinitario dirigido al ser racional es claro: elevación al estado sobrenatural, adopción del Hijo y herencia de la coeternidad. Dios había dicho a Moisés: *Yo estaré contigo* (*Ex* 3,12) y Jesucristo lo repite a cada uno de nosotros, bautizando en su nombre al que busca vivir observando su Evangelio».

-- Estaba convencido de tal manera de todo esto que organizaba sus días poniendo al centro el encuentro cotidiano con Jesús en el sacramento de la Eucaristía vivida con la participación en la Mesa y la adoración en el tabernáculo.

-- Entre sus apuntes leímos estas líneas (no sabemos si son la transcripción de una meditación que había escuchado o de sus pensamientos personales) centradas en el hecho de que Dios Trinidad desde hace 2000 años habita en medio de nosotros: «El Verbo se hizo carne... asumiendo la naturaleza humana y asociándola a la divina en una única persona divina, y habitó entre nosotros (Jn 1,14). Pero el término "habitar" se entiende no el sentido común de hacer su hogar en esta tierra, de fijar su residencia, como se suele decir. No es esto. Cuando usamos este término en nuestro idioma, habitar, nos lleva a pensar por instinto una cosa como esta: ha fijado su residencia en un lugar determinado. Este término, habitar, es un término que lleva a conclusiones aterradoramente reducidas. El verbo habitar, que es un verbo latino, proviene del verbo habere, que significa tener pero que como auxiliar tiene muchos otros significados. Quiere decir... de nuevo... tener; pero también quiere decir sujetar, frecuentar, poseer, santificar, asimilar, conectar, unir y tantas otras cosas... Por tanto, debemos entender este término ... habitó entre nosotros... como un término mucho más general, mucho más universal, mucho más amplio, infinitamente más amplio.

Por eso cuando digo *El Verbo se hizo carne y habitó entre nosotros*, digo algo muy reducido de por sí que no traduce el pensamiento del verbo reflejado por Juan que al escribir por medio del Espíritu Santo quería decir muchas más cosas. Jesús, cuando asumió la naturaleza humana y se hizo Hombre, descendió a este planeta no como un extraterrestre, sino como "Uno" que habitando fuera del tiempo y el espacio entró en el tiempo y el espacio junto con la naturaleza y la incorporó a sí mismo, como asimilada, como unida inherentemente, como hermanada. Por ello Jesús se volvió como dice el apóstol Pablo: *todo y en todos* (*Col* 3,11).

Entonces tomó la verdadera realidad de este planeta y la verdadera sustancialidad de este planeta Tierra que forma parte de la creación y por tanto del Universo.

Antes de la Encarnación la humanidad, prisionera en la culpa original y actual, se había arrastrado durante siglos en un abismo que parecía insondable e insuperable. Pero a un cierto punto el "Amor" prevaleció sobre la "Justicia", la "Misericordia" sobre el "Castigo" y el pecado fue derrotado por la Encarnación... Este planeta que vio en Ti por una generación la segunda Persona de la Santísima Trinidad encarnada desde hace más de veinte siglos ya no es el de antes. Sí, astronómica, científica o geológicamente puede ser el mismo planeta de antes, pero desde el punto de vista del Evangelio, de la Encarnación, ya no es más el de antes. Ahora es un planeta que ha sido englobado en la Eternidad, en un diseño divino, por el cual también nosotros hemos sido introducidos en este diseño desde hace 21 siglos. Tenemos que pensar en esta "habitación", por así decirlo, como una apropiación del planeta por parte de Jesús. El mismo que se está moviendo en medio de nosotros ahora mismo tanto en la Eucaristía como en la fe, por medio de las cuales también vive en medio de nosotros y divide esta cotidianidad con nosotros. Por medio de ambas tenemos que ver esta "habitación" como una verdadera morada de Cristo en este planeta Tierra. Vemos a Jesús en medio de nosotros, vemos a Jesús con nosotros, vemos a Jesús verdaderamente en nosotros.

Y así la Eucaristía, una "segunda Encarnación", resulta ser no tanto el sacramento entendido ritualmente sino sobrenaturalmente. Por ello, cuando hacemos la comunión,

Jesús, deteniéndose en nosotros 15 minutos escondido bajo las especies del pan y del vino, substancialmente presente, habita verdaderamente (en el sentido que he dicho antes); es decir, divide esta cotidianidad con nosotros y continua con su gracia habitando entre nosotros tras descomponerse las especies del pan y el vino.

Por esto, nos volvemos su casa, su habitación, y Jesús presente, verdadero y vivo no es sólo un hecho de fe, no es sólo un hecho de "sacramentalidad", ¡sino un hecho de "Vida"! Es decir, Jesús está conmigo y yo en Él como un hecho extremamente personal e individual. Este contacto directo entre yo y mi Señor ocurre a través de la Eucaristía y la fe.

Cuando vino al planeta Tierra, buscó resumir, o como dice Pablo, recapitular en sí mismo toda la Eternidad, toda la humanidad. La humanidad antes, durante y después de Él. Esto es habitar. Habitando en este sentido, ha resumido en sí mismo día tras día, hora tras hora, todo el género humano en todos los sentidos... Por esto estamos delante de un milagro que nos deja verdaderamente maravillados y sorprendidos. Es el milagro de la redención, de la vida de Jesús con nosotros, que recapitulando toda la humanidad en sí mismo se ha vuelto realmente Redentor, Salvador y Santificador de cada uno de nosotros».

«A través de la Eucaristía seremos transformados en el Amor» decía a menudo nuestro hijo. Al igual que el pan y el vino durante la consagración se vuelven el Cuerpo y la Sangre de Jesús mediante la potencia del Espíritu Santo, también nosotros nos volvemos "transustanciados" en Cristo. Él mismo asegura: *Yo soy el pan de vida* (Jn 6,35) y

Yo soy el pan vivo que ha bajado del cielo (*Jn* 6,51). También corrobora con autoridad que *no fue Moisés quien os dio pan del cielo, sino que es mi Padre el que os da el verdadero pan del cielo* (*Jn* 6,32). Es Jesucristo el verdadero Pan Vivo que ha bajado del Cielo y que no va a perecer nunca. No es el que el pueblo de Israel comió en el desierto, el maná, que por el contrario es un pan que perece (cf. *Jn* 6,31-35).

«Al decir que *no fue Moisés quien os dio pan del cielo,* sino que es su Padre quien da el verdadero Pan, Jesús introduce la Eucaristía. Su gran diseño, su prestigioso plan, su prodigioso proyecto está tomando forma, se está volviendo realidad. Introduce al Padre al que declara dador de Pan y Él mismo se autodefine "el Pan de Dios".

Entremos ahora en el ámbito de la Eucaristía. *Aquel que baja del cielo*: expresión que se reescribe, medita, estudia y contempla puntualmente. *Cielo*: la Eternidad. *Que baja*: Se habla de descenso porque se piensa en el Cielo como una realidad superior. El término significa simplemente "venida", "llegada" desde la Eternidad al tiempo. Del extra-espacio al planeta Tierra. Tenemos una intervención única: la Santísima Trinidad se pone en contacto con el ser racional. Es un encuentro que se lleva a cabo.

Pan de Dios: la Vida. *Entonces le dijeron: «Señor, danos siempre de este pan»* (*Jn* 6,34). Jesús respondió: *Yo soy el pan de vida. El que viene a mí no tendrá hambre, y el que cree en mí no tendrá sed jamás* (*Jn* 6,35). También para nosotros. Declara de manera inequívoca e ineludible ser *el pan de vida.* Se define "pan" y precisa "de vida". Su diseño está tomando forma en sus palabras. Nos promete ser "alimento". Cuando lo piensas bien, es alucinante, un evento histórico. La expresión *yo soy el pan de vida* significa que Cristo asume un peso anómalo y enorme. La naturaleza divina lo soporta y se vuelve celestial del todo gracias a la Persona divina para que no tengamos más hambre ni sed. Él está real y substancialmente presente bajo las especies del pan y el vino. El Pan que da a la existencia es el punto de inflexión para el Más Allá.

También añade: *como os he dicho, me habéis visto y no creéis* (*Jn* 6,36). Los acusas de incrédulos. Cuchichean sobre la insólita expresión: *Yo soy el pan de vida bajado del cielo*. Racionalizan sus conocimientos sobre Él. Conocen a María y a José. Tenemos una preciosa demostración y prueba de la historicidad de Cristo. Para ellos es una cosa extraña y absurda que no está ni en el cielo ni en la tierra. Han oído bien: "Yo soy el Pan que ha bajado del Cielo" ¿Pero, entonces, qué pan es? ¿De qué Cielo habla? ¿Qué este descenso? Y discuten, desvarían y deducen conclusiones. Están agitados. Jesús se dirige a ellos: *No critiquéis. Nadie puede venir a mí si no lo atrae el Padre que me ha enviado. Y yo lo resucitaré en el último día (...) En verdad, en verdad os digo: el que cree tiene vida eterna* (*Jn* 6,43-47). Los lleva al terreno de lo sobrenatural.

Les explica: *El que coma de este pan vivirá para siempre. Y el pan que yo daré es mi carne por la vida del mundo* (*Jn* 6,43-47). Ha hecho concreta su voluntad: quiere ofrecerse en comida y bebida. No teoriza, no se atrinchera en lo Absoluto, no se complica con razonamientos abstrusos. Habla de mana, de desierto, de padres y de muertos. No le pueden contestar a esto. La Biblia está allí, en las sinagogas y todos pueden leerla y recordar. Pero de repente, como un relámpago a cielo despejado, añade que Él es el Pan vivo que asegura la Eternidad. Habla de su carne para la vida del mundo. Es su realidad físico-psíquico-espiritual. Esta realidad es el Pan de vida. Pan que es necesario comer si se quiere vivir en la eternidad. Si no, la muerte eterna. Ha metido el zorro en el gallinero: la gran, enorme, asombrosa declaración y afirmación prometida. Habló muy claro, se expresó con términos muy precisos e inequívocos, tanto que *disputaban los judíos entre sí: «¿Cómo puede este darnos a comer su carne?»* (*Jn* 6,52). Habían entendido bien. Casi casi lo toman por un instigador del canibalismo. "Carne para comer": han dado con el problema.

Es cierto que las afirmaciones–declaraciones de Jesús no son de lo más evidente. Son expresiones explosivas. Son pedazos de Cielo. Pero Jesús dice: *En verdad, en verdad os digo: si no coméis la carne del Hijo del hombre y no bebéis su sangre, no tenéis vida en vosotros. El que come mi carne y bebe mi sangre tiene vida eterna, y yo lo resucitaré en el último día. Mi carne es verdadera comida, y mi sangre es verdadera bebida. El que come mi carne y bebe mi sangre habita en mí y yo en él. Como el Padre que vive me ha enviado, y yo vivo por el Padre, así, del mismo modo, el que me come vivirá por mí. Este es el pan que ha bajado del cielo: no como el de vuestros padres, que lo comieron y murieron; el que come este pan vivirá para siempre»* (*Jn* 6,53-58). Son 6 versículos-centro de gravedad, son 6 versículos ultra magnéticos. Son 6 versículos de Eternidad. No está hablando en términos genéricos o aproximativos, no está arrastrando el tema como si viniera de lejos, no se está yendo por las ramas. Inmediata y concretísimamente pide que se alimente de Él, siendo el castigo la no-vida.

Se ofrece a nosotros como alimento y bebida. Su realidad divino-humana se pone a nuestra completa, total y global disposición. Si esto no es Amor, ¿entonces que será el amor? Establece un vínculo muy estrecho e íntimo con Él, un vínculo a nivel de la vida, un vínculo a nivel de Eternidad. Es nosotros; está con nosotros, en nosotros.

Como se puede ver, se crea una relación interpersonal. El hombre individual y la mujer individual son los únicos interesados en que se establezca esta con-vivencia. Comer y beber significa ingerir dentro de nosotros la comida y la bebida cotidiana. Ingerir es introducir en el organismo. Hasta que no se disuelven las especies o apariencias del pan y del vino está en nosotros la presencia del Cuerpo, la Sangre, el Alma y la Divinidad de Jesucristo. Nuestro organismo viviente se liga íntimamente a Cristo, verdadero Dios y verdadero Hombre. Promete la vida eterna a quien hace la Comunión. Y no dice "tendrá", sino "tiene" la vida eterna, es decir, la coeternidad. Con la Comunión se tiene la vida eterna. Tener la vida eterna es y significa poseer todo lo necesario e indispensable para entrar a formar parte de la coeternidad. Uno se inscribe en el "registro del Cielo". Uno se vuelve a todos los efectos ciudadano de la coeternidad.

También insiste: *Mi carne es verdadera comida, y mi sangre es verdadera bebida* (*Jn* 6,55). Se ofrece entero. E incluso afirma: *El que come mi carne y bebe mi sangre habita en mí y yo en él* (*Jn* 6,56). El que hace la Comunión hace hogar, hogar en convivencia, bajo su mismo techo. "En Mí", "en Él": más que convivencia es una cohesión de organismos que no se confunden ni se funden, sino que se unen. Tal unión no es simbólica, no es poética, no es sentimental. Entonces ¿qué es? Evidentemente es lo opuesto del fuera o del cerca. Se trata de una realidad que toca las raíces, que alcanza la profundidad, que se sumerge en lo íntimo. Jesús quiere realizar y efectuar esta unión dándose en Cuerpo, Sangre, Alma y Divinidad.

Acaba así: *Como el Padre que vive me ha enviado, y yo vivo por el Padre, así, del mismo modo, el que me come vivirá por mí. Este es el pan que ha bajado del cielo: no como el de vuestros padres, que lo comieron y murieron; el que come este pan vivirá para siempre»* (*Jn* 6,57-58). Jesús, el Revelador de la Trinidad, nos presente la Trinidad en la unidad absoluta y nos indica sus respectivos nombres: Padre, Hijo y Espíritu Santo. El Padre genera, el Hijo es generado y el Espíritu Santo procede del Padre y del Hijo. Nosotros tenemos la existencia que con la Comunión desemboca en la vida. Jesús habla de vida, vida promete y vida da. Semejante vida es la Eucaristía. La Eucaristía es el Cristo, verdadero Hombre y Dios verdadero. El Pan de vida es Cristo.

Es el Pan que ha bajado del Cielo, de la Eternidad al tiempo, del Cielo al planeta Tierra. *Bajar*: llevarse de "Arriba" a "abajo". El "Arriba" se abre en la plenitud de los tiempos y se comunica con el "abajo". *Comunión*: inyección sustancial y sustanciosa de vida en la existencia. En conclusión, Cristo se hace sustancialmente presente en Cuerpo, Sangre, Alma y Divinidad bajo las especies o apariencias del pan y el vino. El Concilio de Trento habla de "transustanciación". Después de la consagración permanecen los accidentes del pan y del vino: color, sabor, olor y cantidad. Pan y vino en los accidentes, Jesús en la substancia».

26. ¿La transustanciación?

Me dirijo a Antonia. Usted ya ha recordado que Carlo ideó y en parte realizó el volumen Los milagros eucarísticos y las raíces cristianas de Europa. *También colaboró en el* Pequeño Catecismo Eucarístico *en el que se trata la transustanciación de manera sencilla.*

A Carlo le fascinaba el misterio de la transubstanciación. Esta consiste en el hecho de que lo que es pan se vuelve el Cuerpo de Cristo y lo que es vino la Sangre en conformidad con la celebración del sacramento. Debido a este cambio Jesucristo está presente en las especies del pan y del vino, no según la manera en la que está presente la cantidad, es decir, la superficie, la extensión; sino según la manera en la que está presente la substancia. Por ejemplo, yo soy siempre yo, bien cuando era una niña pequeña, bien ahora que soy adulta. Mi substancia de persona humana no ha crecido en proporción de mi crecimiento corporal, es decir, el mi ser persona humana del punto de vista de la substancia no crece ni disminuye con mi edad o mi estatura. Mi humanidad permanece siempre igual en mí. De manera análoga Jesús está sustancialmente presente en la Eucaristía, no según el más o el menos de la superficie de la partícula consagrada, sino precisamente según la sustancia del Verbo Encarnado que permanece siempre igual y no conoce un más o un menos.

Para meditar más fácilmente sobre esta verdad de fe, Carlo había trascrito algunas citas de autores santos. «Pues bien, para que lleguemos a ser esto no sólo por el amor, sino en realidad, mezclémonos con aquella carne. Se consigue por medio del alimento que él nos dio, deseoso de mostrarnos el amor que nos tiene. Por este motivo se mezcló con nosotros y fundió su propio cuerpo con nosotros, para que llegáramos a formar un todo, como el cuerpo unido a la cabeza...

Cristo ha hecho lo mismo: moviéndonos a una mayor amistad, y mostrándonos el amor que nos tiene, no sólo permitió a los que le aman verlo, sino tocarlo, comerlo, clavar los dientes en su carne, masticarla. En suma, saciar toda el ansia de amor. Como leones que respiran fuego, apartémonos de aquella mesa temibles al diablo... Muchas veces los padres entregan a los hijos a otros para que los sustenten. Mas yo –dice– no actúo así, sino que os alimento con mis propias carnes, me sirvo a mí mismo en vuestra mesa, deseoso de que todos vosotros seáis nobles y ofrezco buenas esperanzas de los bienes venideros. Quien aquí se os dio a sí mismo, mucho más en la vida venidera. Quise ser hermano vuestro, por vosotros participé de carne y sangre, y de nuevo os entrego la misma carne y sangre por las que me hice semejante a vosotros»: san Juan Crisóstomo, *Homilía sobre el Evangelio según Juan*, 46, 3.

Para meditar sobre la presencia real y verdadera de Jesús en la Eucaristía había trascrito un fragmento de santo Tomás de Aquino: «*Porque mi carne es verdadera comida y mi sangre verdadera bebida* (*Jn* 6,56). Alguno hubiese podido pensar que las frases relativas a la carne y a la sangre fuesen paradojas y parábolas; por esto afirma el Señor queriendo excluir esto: *Mi carne es verdadera comida*, como para decir: "No penséis que hablo en sentido figurado, sino que en verdad mi carne está contenida en el alimento de los fieles y "mi sangre" está en verdad contenida en el Sacramento del Altar según las palabras de la institución: *Este es mi Cuerpo..., esta es Sangre de la Nueva Alianza* (*Mt* 26,27–28). (...) *El que come mi carne y bebe mi sangre habita en mí y yo en él* (*Jn* 6,51). Aquí el Señor demuestra la virtud de este alimento espiritual, es decir, que da la vida eterna. Recurre al siguiente argumento: "Cualquiera que coma mi carne y beba mi sangre tiene la vida eterna" ... Hay otra manera según la cual el que lo come no habita en Él ni Cristo en él: es aquel de los que se acercan con corazón falso, ya que en el hombre falso el sacramento no produce ninguno de sus efectos. De hecho, falso es aquel cuyo interior no se corresponde con lo significado por el exterior. Ahora bien, en el Sacramento de la Eucaristía se significa externamente que Cristo se incorpora con el que lo recibe y viceversa. Por ello, es falso quien no tiene en el corazón el deseo de esta unión y no se esfuerza por apartar todo impedimento. Ni Cristo permanece en él, ni él permanece en Cristo»: Tomás de Aquino, *Comentario al Evangelio según san Juan*, 6.

«Hablando en absoluto, la Eucaristía es el más importante de todos los sacramentos (...) Todos los demás sacramentos están ordenados a la Eucaristía como a su fin»: (Suma Teológica, III Parte, q. 65, a. 3) y «La santificación que estos [los sacramentos] nos comunican nos prepara para recibirla o para consagrarla [la Eucaristía]" (Suma Teológica, III Parte, q. 73, a. 3). También había anotado estas. El sacrificio de Jesús, es decir, su ofrenda de amor al Padre para nuestra salvación y felicidad eterna, se produjo de manera cruenta en la cruz y hoy se prolonga de manera incruenta en cada Misa. Si del sacrificio de la Cruz proviene todo bien (e incluso el Espíritu Santo, el mayor tesoro por excelencia), entonces la Santa Misa es también el centro y la fuente de toda nuestra energía y de todo nuestro sistema educativo. Todas las familias deberían estar orientadas hacia el Santo Sacrificio: ¡Un día sin Misa, un día nublado!

Sabemos que todas las gracias beben del manantial de la misericordia de la Santísima Trinidad y estas brotan a su vez de la fuente del Sacrificio en la Cruz. El signo de la cruz nos recuerda esta verdad de manera muy sencilla. Por ello es muy importante hacerlo conscientemente cuando recemos juntos en familia durante el día. En ese momento tenemos que llevar nuestra inteligencia a meditar sobre la Pascua de Jesús y nuestro afecto a dar gracias a Dios por todos los regalos que nos hace, especialmente por darse a Sí mismo en los diferentes sacramentos.

27. PARTICIPAR EN LA MISA TODOS LOS DÍAS Y ADORAR LA EUCARISTÍA...

Participar en Misa todos los días y adorar la Eucaristía eran la manera con la que Carlo traducía en hechos lo que creía, ¿no?

Desde luego. Era muy fiel a la Misa y a la adoración eucarística cotidiana. Siempre, incluso de vacaciones. Sobre todo en Asís. Cuando estábamos allí de vacaciones siempre se detenía más tiempo delante del sagrario e intentaba asistir a las iglesias que ofrecían adoración eucarística. Por ejemplo, Carlo siempre iba a la basílica de Santa María de los Ángeles porque sabía que allí se adoraba al Señor durante el mediodía. Después nos decía con ternura: «El Señor me mira, y yo lo miro. Esta mirada me enriquece tanto... Dejo que me observe, que escarbe dentro de mí, que moldee mi alma, que le de forma. No es que me lo invente, es que realmente Él está dentro de mí. Está ahí. ¡Si todos fuesen conscientes, qué rápido irían! ¡Si todos creyesen en esta verdad, cómo cambiaría a mejor su existencia!».

Había transcrito esta frase de San Agustín: «Nadie come esta carne sin adorarla antes. Pecaríamos si no lo hiciésemos» (Comentarios a los Salmos, 98,9, CCL 39,1385). Sin duda nos enseña a estar mejor predispuestos para recibir la Eucaristía.

«Del Santísimo Sacramento presente en el sagrario –decía– se irradia ese amor curativo del que sólo Dios es capaz. Con él nos unimos a la Iglesia triunfante que es la que está en el Paraíso y que en ese momento está recogida y postrada delante al Cordero de Dios para pedir gracias y bendiciones para toda la Iglesia militante. Jesús está presente en el tabernáculo, en esa actitud de adoración al Padre en la que quiere que todos los hombres se asocien. Quiere enseñarnos cómo adorar al Padre. También nosotros deberíamos tener esta actitud de reverencia delante de la Eucaristía».

También pedía a sus amigos y compañeros que adorasen a Jesús en la Eucaristía: «Hacedlo como yo –decía– y veréis que revolución tendrá lugar en vuestro interior». Estamos convencidos de que la caridad de Carlo con los pequeños, los últimos y los pobres nació de esta visita frecuente a Jesús en la Eucaristía.

«El sagrario es sinónimo de cuna de la gracia –decía siempre–. En él opera la Santísima Trinidad. Yo lo veo como algo dinámico. La realidad eucarística es la prueba, la confirmación y la argumentación de nuestro destino hacia la santidad. Santidad que se alcanza manteniéndose fiel a la Eucaristía, con la práctica heroica de las siete virtudes: las tres virtudes teologales (fe, esperanza y caridad) y las cuatro cardinales o morales (prudencia, justicia, fortaleza, templanza). El modelo es Dios. Los instrumentos son la razón y la gracia. Esta nos la dan y nos la devuelven los sacramentos. El tabernáculo está cerca del Santo, muy cerca, desde hace veinte siglos. Esta frecuencia con el Santo, Santo lo vuelve. Por tanto, frecuentarlo es acercarse a la santidad.

Pero también podría ser una no-respuesta, una infidelidad, una hipocresía, una expresión egoísta, una arriesgada no-solución, un peligroso camino sin retorno. Se nos presenta en función de cómo de humildes y sencillos somos. La humildad sirve para no alterar sus términos según nuestra conveniencia. La sencillez para no complicarse en la relación. Con esta presentación se comienza el diálogo caracterizado simplemente por la familiaridad y la confianza. Es por esto que semejante visita sólo puede calificarse como adoración. Adorar. Se reconoce que uno está delante del único Dios. Aunque el sagrario esté a algunos metros, la distancia es infinita. *Adorar*: rendir un homenaje reservado sólo a Dios. Intentar hablar con un Interlocutor Absoluto como con un amigo. Reflejar en el propio *interior* la presencia de la Eucaristía. La visita se desarrolla en el sentido respetuoso del culto entrelazado con la fe en el único Dios, con la esperanza en el único Dios, con el amor al único Dios.

Además, la confesión que allí tiene lugar llega hasta la cima de los mandamientos del Sinaí y procediendo según los preceptos de la Iglesia recorre los senderos de los deberes del proprio estado en que uno se encuentra. Aquí se vuelve muy oportuna la recitación del Padre Nuestro, del Ave María, del Gloria, del Ángelus y del Eterno Reposo. La visita llega a su fin. Se presentan al Señor los planes de ese día, manifestando que todo se hará para mayor gloria de Dios. La despedida puede ser exteriorizada con alguna jaculatoria del tipo: "¡Oh Jesús!¡Haz que te ame un poco más!", "Señor, tómame como soy y déjame como Tú quieras", "Intentaré ofenderte menos", "Señor, me abandono en Ti"».

«Es necesario entrar en la mentalidad del sagrario. Es una mentalidad muy especial. El bautismo es la regeneración espiritual. La confirmación es el crecimiento espiritual. La Eucaristía es el alimento espiritual. Aunque el sacramento de la Eucaristía sea múltiple en cuanto a la materia, es uno solo en cuanto a su forma y perfección. En sentido absoluto es un solo sacramento. Es el sacramento de la unidad. A pesar de ser dos elementos, el pan y el vino, los que lo constituyen, nosotros profesamos guiados por la autoridad de la Iglesia que el sacramento es uno solo.

El bautismo es necesario para iniciar la vida sobrenatural. La Eucaristía es necesaria para llevar a término esta vida sobrenatural. Tiene tres significados: El primero se refiere al pasado en tanto que conmemora la Pasión del Señor, ritualizada por nosotros. La hace incruenta en cada Misa y nos hace a nosotros (que participamos en ella) vulnerables a los efectos de aquel sacrificio. Por esto se denomina sacrificio. El segundo, se refiere a la unidad de la Iglesia. Por esto se le denomina comunión o sinapsis. El tercero se refiere al futuro: es prefiguración de la vida eterna y se le denomina aspecto viático.

En el sacramento de la Eucaristía hay tres elementos: *sacramentum tantum*, es decir, el pan y el vino. *Res et sacramentum*, el verdadero Cuerpo de Cristo. *Res tantum,* es decir, su efecto. El cordero pascual es su figura principal. Cristo instituyó este sacramento bajo las especies del pan y el vino, alimento común de los seres racionales. En este sacramento se asumen por separado el Pan como cuerpo y el vino como Sangre. Es el memorial de la Pasión del Señor que sucede con la separación de la Sangre del Cuerpo. El Cuerpo de Cristo para la salvación del cuerpo. La Sangre para la salvación del alma.

¡Mucho ojo de no volver una banalidad el "con vosotros"! Hay que demostrar, documentar, testimoniar que la Eucaristía existe. Basta con girar la esquina, abrir la puerta y entrar en una iglesia cualquiera... Hay gente de rodillas. Hay una ceremonia en curso. Hay algo. Hay alguien. Preguntemos. Preguntémonos. Es la prueba documental, testimonial y casi palpable de su influencia. Además, es entonces cuando adquiere el sacrosanto derecho de ciudadanía. Hay que hablar de esto, hay que advertir la realidad. ¡Hay que hacerlo! Se habla de cinco continentes: Europa, Asia, África, América y Oceanía. Sufre y sostiene todas y cada una de las vivencias del planeta. Pero nadie piensa en esto, nadie le hace caso. Cuando hay un terremoto, una erupción, un aluvión o cualquier cosa parecida, queda abrumado como todos los demás. Cuando se anuncia un evento catastrófico, no se menciona la turbación y perturbación de los tabernáculos. Presencia que comparte, presencia que toma parte junto a nosotros, presencia que... ¡es presencia! La presencia substancial, substanciante y substanciosa que obra desde y en el sagrario. No es posible no tenerla en cuenta. Hace más de veinte siglos que está ahí, al lado. Dentro sólo hay vida, sólo Ser, sólo Eternidad, sólo Infinito. Es un mundo en sí mismo. Es un nuevo planeta, una nueva estrella. Debe incluirse en los textos sobre geografía y en los de historia. El sagrario tiene que volverse la casa de todos, el domicilio de cada uno, el lugar donde se reencuentran las personas, el punto de referencia, el parámetro y unidad de medida. Es necesario volver la Adoración más profunda, que esté más personalizada y que demos gracias por este regalo. Dar gracias es reconocer el beneficio. Es saberse y sentirse destinatario de gracias. Dar gracias es apreciar los dones de Dios y el tabernáculo es uno de los más grandes. También Jesús da aquí gracias al Padre, al Espíritu Santo, por la Iglesia, por todos y cada uno. Da gracias por mí, por ti, por él, por ella y por ellos. Manantiales de acción de gracias salen del tabernáculo y también de conciliación. La Pasión continúa y por ello hay que merecerse el perdón. En nuestro nombre el tabernáculo alza los brazos al Cielo».

Utilizaba distintas metáforas para describir que ocurre en nosotros cuando adoramos la Eucaristía.

«Delante del sol uno se broncea. Delante de Jesús-Eucaristía uno se vuelve santo».

«Cuando en una habitación oscura entra un sutil rayo de luz, las motas de polvo que flotan en el aire se pueden ver a simple vista. De hecho, son justo estas motas que se encuentran en la trayectoria del haz de luz las que lo difunden en todas las direcciones, tal como sucede con la luna de noche. De la misma manera sucederá con nuestra alma. Adorando la Eucaristía seremos golpeados por la luz que de ella emana y podremos ver todo ese "polvo" que contamina nuestra alma y nos impide progresar en el camino de santidad que normalmente no se puede ver a simple vista».

La adoración colmaba sus ganas de "silencio" para "escuchar la voz de Dios", de hacer más sencilla la oración personal (Carlo decía: «Cuanto más sencilla sea la oración, más profunda será») y de desapegarse de las cosas superfluas (decía: «Para acercarse a Dios es importante liberarse verdaderamente de sí mismo y de las cosas superfluas»).

«La historia de los sagrarios es la historia de la salvación que desde hace dos mil años se reactualiza cada minuto que pasa por todo el mundo. La han acompañado, la han seguido o la han perseguido. Cada uno tiene su crónica, su recorrido, su historia y, precisamente, no son de las más sencillas de entender. Cada vez que se instala uno significa que ahí ya hay construida una iglesia o una capilla. Desde hace veinte siglos viene ocurriendo una admirable proliferación de su número. Si se pudiese hacer un mapa de lucecitas continente a continente, se verían brillar millones.

La Eucaristía debe entrar en este mundo y confundirse con todos los que viven en él. Es necesario liberarlo, humanizarlo y, sobre todo, armonizarlo con ella. No es una discusión extraña e incomprensible. De lo que se trata es de volver a humanizar, a educar y a reintegrar. En esto es indiscutible que la presencia viva y vital de la Eucaristía puede servir. Es necesario buscar la manera de difundir la idea cultural, es decir, de culto. Corremos el riesgo de que la congestión cultural fagocite a aquella que representa nuestra originalidad y nuestra exclusividad. Es necesario "eucaristizar" todo.

Pero ¡qué no nos parezca una acción utópica! Sí, cierto, es gigantesca; pero no imposible. Si la Eucaristía logra entrar en este mundo, tirar hacia delante, abrirse paso e investirlo de sí misma; entonces, ¡lo habrá logrado1 ¡Victoria! ¡Un nuevo viento soplando! Bastan un botón, un gesto y un dedo para ponernos en contacto con el mundo de la pequeña y grande industria audiovisual. El teléfono, la radio, la tv o el ordenador están en casa funcionando 24 horas al día. Si nosotros estamos "eucaristizados", levantamos el vuelo; un vuelo que es virtual, intercontinental, cósmico. Todo nos pasa por delante. Si conseguimos "eucaristizarlo", lo habremos logrado.

Esta impetuosa corriente virtual agarra, recoge, reúne y masifica todo lo que está a su alcance. Puesto que esta existe substancial y vitalmente, es necesario introducirla en esta corriente llamada multimedialidad. Es un enorme flujo y reflujo, un océano de noticias, ideas, palabras, consejos, sugerencias, propuestas, insinuaciones, intentos, interferencias y de todo lo que nos podamos imaginar.

Nosotros estamos ahí metidos hasta las cejas, pero corremos el riesgo de vernos desbordados y tragados por este remolino. Esta es la ocasión (no querría decir la última) de poner la Eucaristía en este remolino de violencia y de prepotencia, de hablar y discutir sobre ella. Pero confinada como está en los sagrarios, corre el riesgo de ser condenada a "cadena perpetua". Cerrado, bajo llave, blindado...

El Omnipotente... Ahí dentro, en el secreto, el Omnisciente. Ahí mismo, 24 horas al día y sin descanso está el Ser, lo Esencial, el Único, el Trino, el Paraíso. 24 horas al día. Ni descanso, ni pausa, ni reposo, ni nada. El Infinito contenido en la finitud de una caja».

Cuando estaba de catequista comparaba la presencia de Jesús en el sagrario a un enorme imán que atrae a todas las personas en cuanto se acercan y hace que se enamoren de él si lo buscan con sinceridad.

A propósito de la consagración eucarística, que consideraba un momento muy importante de la Misa, decía: «Durante la consagración es necesario dar gracias a Dios Padre, a sus Santas Llagas, a su Preciosísima Sangre, a sus Lágrimas, a sus Dolores y a María siempre Virgen, que al ser su Madre puede interceder por nosotros más que nadie». Al final de la consagración rezaba así en su corazón: «Por el Sagrado Corazón de Jesús y por el Corazón Inmaculado de María os ofrezco todas mis peticiones y os pido que las concedáis». Cuando ya había recibido la ostia decía: «¡Jesús! ¡Ponte cómodo, por favor! ¡Como si estuvieses en tu casa!». Repetía a menudo: «¡Uno va derecho al Paraíso si se acerca todos los días a la Eucaristía!».

Vivía con gran intensidad la acción de gracias tras su participación en la Misa. Para vivirla todavía mejor se ayudaba del acrónimo latino ARDOR cuyas iniciales se refieren en italiano a *Adorazione* (Adoración), *Ringraziamento* (Acción de gracias), *Domanda* (Petición), *Offerta* (Ofrenda) y *Riparazione* (Reparación). Además, ponía en práctica las enseñanzas de Santa Teresa de Ávila: A la hora de comulgar Jesús se complace en instruirnos y nosotros debemos escucharlo. También el de santa María Magdalena de Pazzi: la acción de gracias después de la comunión es lo más bonito que tenemos en esta vida y lo más oportuna para tratar con Dios e inflamarnos de su divino Amor.

28. Los sacramentos son seis más uno (la Eucaristía). ¿De los otros seis qué decía?

Hemos visto cuánta importancia atribuía Carlo a la Eucaristía que hasta decía que los sacramentos son seis más uno (la Eucaristía). ¿De los otros seis qué decía?

Durante una Misa dominical, nuestro párroco de Santa Maria Secreta en Milán nos hizo renovar las promesas bautismales. Carlo, que entonces debía de tener alrededor de 9 años, estaba contento y emocionado. Al salir nos dijo: «Por mucho tiempo que vivamos en la tierra no será nunca suficiente para darle las gracias a Jesús por el regalo del bautismo. Muchos no se dan cuenta del don que significa recibirlo. Muchos parecen estar más interesados en los conjuntos que se pone la gente y los regalos que se dan en estas ocasiones que en el sacramento que nos devuelve la vida divina perdida a causa del pecado original». También nos habló de lo mucho que era necesario corresponder a la gracia recibida en el bautismo porque: «el bautismo, más allá de ser el paso necesario para acceder a los otros sacramentos, es también la puerta al paraíso».

«Es necesario volver al significado íntimo del bautismo —escribió en sus apuntes— que es instrumento de salvación y vehículo de gracia. Este cancela la culpa heredada de nuestros padres Adán y Eva, es decir, el pecado original que contagió y sigue contagiando a toda la humanidad. Pero no es el que nos cura las heridas de ese pecado que continuamente nos inclinan al mal. Es la puerta que nos permitirá acceder a los otros, que son instrumentos dispuestos por la Santísima Trinidad para darnos la gracia y poder así curarnos del todo. Por eso, es la puerta de nuestra salvación».

También había escrito algunos apuntes sobre la unción de enfermos: «Unción de enfermos (y no como se decía antes "extrema unción"). El momento de la muerte, consciente o inconsciente, es para la mayoría muy denso y lleno de preocupaciones, ya que uno nunca está lo bastante purificado y preparado. Por esto es el sacramento adecuado para el gran momento. Hoy en día se le dice unción de enfermos porque sirve para todos los enfermos graves, tanto en el cuerpo como en el espíritu. Para estos últimos sólo sirve de apoyo al sacramento de la confesión (¡así que no esperemos a estar a punto de morir para recibirla!). Hay además oraciones especiales. Peros lo principal es que los fieles participen de tal manera que estén dispuestos a tiempo, es decir, la vida debería ser una continua preparación para la muerte.

No tenemos que permitir que las tentaciones nos vuelvan peores o más miedosos, ni tampoco ser superficiales y negligentes. Habría que encontrar un punto medio, sobre todo un gran equilibrio alimentado por la confianza y orientado hacia las puertas de la esperanza. Esta segunda virtud teologal debería ser nuestro faro y nuestra fuerza. Es más, las Escrituras nos advierten de *dar explicación a todo el que os pida una razón de vuestra esperanza* (1P 3,15).

Cuando la enfermedad ataca la vida o cuando se pronuncia la sentencia definitiva de muerte, sólo podemos aceptar de buen grado la divina voluntad. Para ello es un buen ejercicio unirse íntimamente a la Pasión y a la Muerte del Señor. Pablo dijo que Jesús cumplió en él lo que le faltaba a la Pasión en el Calvario. Significa que el cuerpo místico sube siempre al Calvario porque en todos lados se le somete a penalidades, persecuciones y luchas. Como la creación, también la Pasión continuará hasta el fin del mundo. Esta unión repercute en ventaja de todo el pueblo de Dios. Sólo si nos unimos llegamos a cerrar un "circuito" continuo de dolores, ofrendas y martirios. Dicho "circuito" está integrado en el de las Misas que se celebran por todo el mundo cada cinco segundos. "Jesús, mi comunión" y "Jesús, me uno a las Misas del mundo" son dos jaculatorias muy sustanciosas. ¡Mucho! ¿Por qué no aprovecharlas?».

A propósito de la confesión o reconciliación decía a Rajesh cuando estaba preparándose para recibir el bautismo: «Dios se pone muy contento si las almas se acercan a menudo a sus dos grandes dones: la Eucaristía y la confesión».

Iba a menudo a confesarse y se preparaba con un buen examen de conciencia. «Antes que nada –decía Carlo– hay que examinarse, sondearse, es decir, inspeccionar hasta el fondo en qué condiciones nos encontramos. Hacer un balance de virtudes y vicios, una estadística de méritos y deméritos. Y hay que hacerlo sin excusas, sin rodeos y sin pedir nada a cambio.

Una vez hecho todo esto el siguiente paso debería ser programar la corrección. Por ejemplo, un buen proyecto que puede parecer a primera vista obvio y casi banal es deshacernos cada año de un defecto y conquistar así una virtud. Para ello habrá que ser sinceros y leales en el examen, estar listos y decididos en el propósito. También deberíamos intentar volver a "sobrenaturalizar" nuestro clima interior con la oración, la meditación de la Palabra de Dios y la asistencia frecuente a los sacramentos (en particular a la confesión). Todo ello, por supuesto, unido a una buena dirección espiritual».

Consideraba que los sacramentos estaban en estrecha relación con la encarnación del Verbo, la segunda Persona de la Santísima Trinidad que se hizo carne y asumió la naturaleza humana. Esta no tiene como persona la persona humana, sino la divina. La unión de una naturaleza humana con la divina se llama matrimonio hipostático (es decir, naturaleza divina y humana, pero persona sólo divina).

¿A qué viene a cuento todo esto? Para aclarar que Dios lo hizo para redimir a la humanidad caída en el pecado. El Verbo con la naturaleza humana sufre y con la divina nos hace merecer la salvación. Así estamos salvados y volvemos a las gracias. Somos adoptados como hijos y destinados de nuevo a la coeternidad. Este es nuestro destino. La vida se reordena en este precioso sentido. Por tanto, recibimos la gracia y somos devueltos a la coeternidad desde el bautismo, la comunión, la confirmación, la confesión, el matrimonio, el orden sacerdotal y la unción de enfermos. *El verbo se hizo carne* (*Jn* 1,14). Dios se encarnó y todas las fases de su vida, desde la encarnación a la ascensión, fueron para nuestra salvación, para regalarnos la gracia. Esta se conserva con los sacramentos y se aumenta con la comunión (si es posible, cotidiana).

29. Una fe contagiosa, entusiasta

Muchas personas que pasaron algunos momentos o días enteros con Carlo recuerdan su fe contagiosa, entusiasta.

Nuestro hijo fue primero un niño y luego un adolescente entusiasta de la vida y de su relación personal con Jesús. Al mismo tiempo era muy sencillo y espontáneo. Estas eran quizás las cualidades más decisivas en cuanto a su capacidad de contagiar. Lo sabemos gracias a las historias de algunas personas que vivieron con él.

La primera es de Elisa, una chica joven, profesora, que lo acercaba a casa por la tarde. En el 1995 murió de repente el abuelo materno de Carlo. Como Antonia era hija única, debía ocuparse con su madre Luana de algunos asuntos de familia y pidió a Elisa que ayudase a Carlo por las tardes. Entonces Beata ya había acostumbrado a nuestro hijo a participar en la Misa todos los días. Como quería seguir yendo, le pidió a su nueva profesora particular que le acompañase y así lo hizo. Gracias a su insistencia ella volvió a vivir su fe. Esta profesora también recuerda que su insistencia no era para nada infantil o caprichosa, es más, siempre le sorprendía la madurez espiritual del niño, su capacidad para consolarla en sus problemas y su compostura rezando.

El segundo tiene que ver con Rajesh, nuestro mayordomo de Milán. Provenía de una familia hindú de brahmanes. Carlo le hablaba a menudo de Jesús, del evangelio, de los milagros y de los sacramentos. Lo invitaba a rezar juntos. En resumen, le hizo enamorarse tanto de Jesús que quiso recibir el bautismo y también la confirmación y la eucaristía. Cuando ya era cristiano solía rezar con él y algunas veces recitaban el rosario juntos. Para nuestro hijo no era sólo una figura de referencia, sino también "mi fiel amigo Rajesh". A menudo jugaban juntos. Uno se divertía haciendo de payaso o espía y el otro lo grababa con su cámara.

Con ocasión del proceso canónico introducido por la Archidiócesis de Milán dijo en uno de sus testimonios (pp. 170-171): «Teniendo en cuenta la profunda religiosidad y la gran fe que Carlo tenía era normal que a menudo me diese catequesis, aun siendo yo de religión hinduista y de la casta de los brahmanes. Me decía que en el futuro sería más feliz si me acercaba a Jesús y a menudo me instruía usando la Biblia, el catecismo de la Iglesia Católica y las historias de los santos. Se sabía el catecismo casi de memoria y lo explicaba tan bien que había logrado entusiasmarme con la importancia de los sacramentos. Estaba muy bien dotado para explicar conceptos teológicos que ni los adultos eran capaces de explicar. Poco a poco había empezado a tomarme en serio sus consejos y enseñanzas hasta el punto de que decidí bautizarme. Fue para mí un maestro de vida cristiana verdaderamente vivida y un ejemplo de moralidad excepcional. Me bauticé porque Carlo me contagió y fulguró con su profunda fe, con su gran caridad y pureza; porque un chaval así de joven, guapo y rico normalmente prefiere llevar una vida muy distinta. Era un ejemplo tan alto de espiritualidad y santidad que sentí dentro de mí el deseo de volverme cristiano y de poder recibir la comunión.

Me había explicado también la importancia de acercarse todos los días a la Eucaristía y de rezar con el santo Rosario a la Virgen María para intentar imitar las virtudes heroicas.

Me decía siempre que estas se adquieren a través de una intensa vida sacramental y que la Eucaristía es seguramente el culmen de la caridad. Me aclaraba que a través de ella el Señor nos vuelven personas completas, hechas a su imagen y citaba de memoria las palabras del sexto capítulo del *Evangelio de San Juan*: *El que come mi carne y bebe mi sangre tiene vida eterna, y yo lo resucitaré en el último día*. Después me explicaba que el Santísimo Sacramento es el mismo corazón de Cristo. Una vez también me habló de la importancia de la práctica de los Primeros Viernes del Mes al Sagrado Corazón de Jesús y de los Primeros Cinco Sábados del Mes al Corazón Inmaculado de María. Decía que "sus dos corazones están unidos indisolublemente" y que cuando se hace la Comunión se entra en contacto directo con la Virgen y los santos del Paraíso.

Me explicó que "Dios se pone muy contento si las almas se acercan a menudo a sus dos grandes dones que son la Eucaristía y la confesión" y comenzó a prepararme para la confirmación afirmando que era muy importante. Me contó que cuando la había recibido, sintió una fuerza misteriosa que lo envolvía y que desde aquel momento su devoción eucarística había crecido. También yo sentí lo mismo al recibirla.

Pero lo que más me sorprendía de Carlo era sin duda su gran pureza y su fidelidad a la misa diaria.

En resumen, tenía una visión de la fe católica tan luminosa que conseguía contagiar a cualquiera gracias a la serenidad y dulzura con las que presentaba la verdad de la fe».

Pero el contagio principal fue el que ocurrió en nosotros, en nuestra familia. Pensemos en la abuela Luanna, la cual con ocasión del proceso de la Archidiócesis de Milán recordó textualmente: «Ni yo ni sus padres éramos así de practicantes hasta que mi nieto nos condujo a la fe. Fue él el que nos condujo a Dios, a la fe y a la alegría de saber que es precioso creer en Él. (...) Durante gran parte de mi vida y a pesar de haber pasado diez años en un colegio cristiano, no era para nada una buena católica. Pero gracias a mi nieto que desde niño me pedía que fuese a misa con él y su madre pude encontrar la fe que había perdido». (*Positio super vita, virtutibus*, pp. 276 y 279, citada en C. ACUTIS, G. M. CARBONE, *¿Originales o fotocopias?*, p. 36).

Su curiosidad, sus preguntas sobre Jesús, sus santos o sus sacramentos nos indujeron a profundizar en la fe a través del estudio.

Su fidelidad a la misa diaria, a la adoración y la oración personal, su deseo continuo de imitar a Jesús o de vivir la caridad fraterna con todos, nos han ayudado a vivir la fe de manera más auténtica. Su ejemplo nos orientó al corazón de nuestra fe y de la caridad fraterna y despegarnos de lo superfluo. Por ejemplo, nos chocaba mucho que fuese siempre tan generoso con los otros y tan sobrio consigo mismo. Para poder comprarle algo de ropa, hacía falta insistirle mucho. Decía que no necesitaba nada. Siempre se oponía cuando a principio de curso intentaba regalarle zapatillas nuevas. Quería tener sólo un par y hasta que no estuvieran completamente ajadas no quería otras nuevas. Con el dinero que ahorrábamos así, quería que ayudásemos a las personas necesitadas que conocía. También sus compañeros de clase sabían que no se preocupaba por seguir las modas, que era muy sobrio en el vestir y que siempre intentaba mantener un perfil bajo.

Además, si conocía a una persona alejada de Dios, comenzaba inmediatamente a rezar por ella. «Si la providencia me la ha puesto al lado –decía– es para que pueda hacer oración de intercesión por ellos». Y así, ofreciendo el rezo del rosario y rezando a Nuestra Señora de Pompeya con estas intenciones específicas, obtuvo muchas gracias de curaciones físicas y conversiones. Por ejemplo, conoció a una señora gravemente enferma y muy alejada de la fe. Le había dicho que no iba a Misa desde hacía más de 40 años. Entonces, comenzó a rezar y a hacer rezar por ella. Tras un poco de tiempo, esta mujer no solo sanó de su mal físico, sino que también se convirtió, se confesó y volvió a ir a Misa. Es más, empezó a ir todos los días, como nuestro hijo.

Hoy en día diríamos que nuestro hijo fue un influencer de Dios muy auténtico y eficaz. Para nada uno de esos que no conoce, o incluso peor, que desprecia al propio Creador y Salvador. Basta con abrir los periódicos, la televisión o las redes sociales para vernos rodeados de "famosillos" muy discutibles, a menudo construidos ad hoc por los medios de comunicación o por agencias de manipulación. Piensa en los actores, en los cantantes, en los futbolistas o en los influencers de varios tipos que proponen ideales de vida destellantes, pero destinados a quedar reducidos a cenizas. Son pura apariencia y, por tanto, falsos. O son simplemente pasajeros y no pueden tener una relación con los bienes duraderos de la fe y la caridad. Sin embargo, Carlo apostó por estos últimos.

Es más, piensa en cuántas personas se dirigen a varios gurús, maestros de vida, magos, astrólogos o motivadores para salir de sus inseguridades, resolver sus angustias o encontrar una vía de luz. Por el contrario, nuestro hijo ha encontrado la seguridad, la felicidad y la luz en Jesús. Y con el entusiasmo y la sencillez de un chaval acompañó a muchos en este descubrimiento. Entre estos estamos también nosotros dos.

30. EL CAMINO EN LA FE DE CRISTO NO ES NUNCA SOLITARIO, ES UN CAMINO QUE SE HACE JUNTOS. VOSOTROS COMO PADRES HABÉIS PARTICIPADO, PERO ¿CÓMO?

Antonia y Andrea, vosotros reconocéis que Carlo os contagió, pero seguramente vosotros también habéis aportado algo. El camino en la fe de Cristo no es nunca solitario, es un camino que se hace juntos. Vosotros como padres habéis participado, pero ¿cómo?

Quizás la imagen más adecuada de este camino compartido es la del proceso de la ósmosis: hemos recibido y dado a la vez. El conjunto de lo vivido ocurrió suavemente, sin forzarlo, con entusiasmo, alegría y simplicidad, simplemente queriéndonos.

Desde nuestra perspectiva actual tenemos que reconocer que hay un elemento que nos ayudó mucho a crecer juntos: los peregrinajes. Hicimos muchísimos, pero recuerdo sólo algunos, por ejemplo, el de Paris. Es una ciudad elegante, con muchos museos que visitamos con atención, pero también con muchos testimonios de fe. En Rue de Bac visitamos la casa de las Hermanas de la Caridad donde está enterrado su fundador, san Vicente de Paúl, y también santa Catalina Labouré, la monja a la que se le aparecía la Virgen. En el 1830 le mostro la llamada medalla milagrosa. En el anverso estaba escrito: «Oh María sin pecado, ruega por nosotros que recurrimos a ti». Por el reverso en la parte alta había una cruz coronada con la M de María; y en la parte baja dos corazones, uno coronado de espinas representaba el Sagrado Corazón de Jesús, el otro traspasado de una espada representaba el Corazón Inmaculado de María. Catalina oyó también estas palabras: «Acuña una medalla como la de este modelo. Aquellos que la lleven con fe recibirán grandes gracias». Al conocer estos hechos Carlo dijo: «Con esta medalla el Señor ha querido subrayar el papel tan especial que ocupa su Madre María en la economía de la salvación de la humanidad. Además de ser mediadora de todas las gracias, quizás el Señor nos ha querido decir que es también corredentora del género humano. En la medalla la M de María se cruza con la I de *Iesus* coronada por una cruz, es decir, significa que la Santa Virgen está asociada al sacrificio redentor de Jesús».

En Rue des Archives visitamos la iglesia en la que en la Pascua de 1290 ocurrió un milagro eucarístico: un no-creyente odiaba la fe católica y no creía en la presencia de Cristo en la eucaristía, así que se procuró una ostia consagrada y la profanó golpeándola repetidamente con un cuchillo y después la echó en agua hirviendo. Pero la Ostia se elevó sola en el aire mientras el profanador permanecía atónito. Después, se posó en un plato de una mujer piadosa que se la dio rápidamente al mismo párroco. La noticia corrió por la ciudad como la pólvora de tal manera que el obispo, el rey y el pueblo decidieron transformar la casa del profanador en una capilla en la que conservar la Sagrada Partícula.

Hicimos otro peregrinaje a España en el 2005. Por aquel entonces ya lo habíamos inscrito en el Liceo Leone XIII de Milán fundado por los padres jesuitas. Por eso teníamos pensado pasar por Manresa, en Cataluña, donde San Ignacio de Loyola vivió once años y tuvo la conversión. De un noble caballero de temperamento fogoso a un apasionado amigo del Señor. También fue allí donde empezó a escribir los *Ejercicios Espirituales* para que también otras personas pudiesen vivir la experiencia de liberación y salvación al encontrar a Jesús.

Después fuimos a Barcelona y Carlo se quedó encantado al ver la Sagrada Familia, la basílica construida del arquitecto Antonio Gaudí. Escribió en sus apuntes de viaje: «La verdadera originalidad consiste en volver a los origines, que es Dios.... La Creación continua incesantemente a través de la mediación del hombre. El hombre no crea, sino que descubre y a partir de este descubrimiento continúa. Los que buscan las leyes de la naturaleza para realizar nuevas obras, colaboran con el Creador, pero los que copian no colaboran. Por esto la originalidad consiste en volver a los orígenes».

Antes de comenzar estos "viajes-peregrinajes" leíamos algo sobre los lugares que planeábamos visitar y fue así como leímos algo de la vida de Gaudí y de su obra principal. La Basílica de la Sagrada Familia había sido construida explícitamente para "despertar de su tibieza a los corazones adormentados, exaltar la fe y dar calor a la caridad". Así lo leímos en el acta oficial de colocación de la primera piedra del 19 de marzo de 1882. En Carlo nació de golpe una gran veneración por el arquitecto y al saber que ya estaba en marcha su proceso de canonización comenzó a dirigirse a Gaudí en la oración para que también él pudiese glorificar a Jesús a través del futuro santo. Jesucristo que se vuelve realmente presente en la Eucaristía, haciéndose nuestro alimento y bebida.

Una etapa obligatoria fue la de Lourdes. Cuando nuestro hijo llegó delante de la gruta de Massabielle renovó su voto a María de ser siempre fiel al rezo cotidiano del santo rosario y se consagró a su Corazón Inmaculado. Tras beber el agua de la gruta, permaneció absorto en oración más de una hora. También visitamos el Moulin de Boly, la pobre casa donde nació Bernardita. Además, acogió la invitación de María a la oración, a la penitencia y al sacrificio por los otros leyendo uno de los mensajes que María comunicó a Bernardita, en el que estaba la promesa de no hacerla feliz en este mundo sino en el otro. También la invitó a ofrecer sacrificios personales, por tres veces le dijo: «¡Penitencia! ¡Penitencia! ¡Penitencia!» y le recomendó rezar o hacer rezar el rosario.

Cuando ya estuvimos de vuelta en Italia nuestro hijo conto a sus amigos el significado de las apariciones de 1858 y cómo le había tocado el corazón la experiencia de Bernardita, una adolescente analfabeta y pobre hija de un molinero, elegida por Dios y la Virgen a causa de su sencillez y humildad. En la aparición del 25 de marzo de 1885, María le reveló que era la Inmaculada Concepción. Ella ignoraba por completo el significado de este apelativo y ni siquiera sabía que cuatro años antes el papa Pio IX había proclamado el dogma de la Inmaculada Concepción.

Carlo escribió entonces en sus apuntes: «Madre de Dios. Criatura elevada al infinito. Dándose a Dios, poniéndose en manos de Dios, se encuentra a sí misma como Madre de Dios. Ahora tenemos a una de nosotros elevada, sublimada, "celestializada". Madre de Dios: tres palabras, cinco sílabas, diez letras o un poema. El universo debe de haber proferido un grito ahogado, todo el universo tiene que haber estado de alguna manera interesado por lo que ocurría cuando naciste. También el Cielo, los Ángeles, los Arcángeles, los Tronos, las Dominaciones, las Potestades, los Principados, los Querubines y los Serafines tienen que haber percibido el evento. Somos nosotros los superficiales y desaboridos que no nos damos cuenta. Tenemos que sentirnos como si estuviésemos en esta situación beatificante. Aquella que ha sido preservada del pecado original, acogida por el Padre y maternizada por obra del Espíritu Santo es una de nosotros. No podemos pronunciar las palabras "Santa Madre de Dios" rutinaria, familiar o superficialmente. Es necesario pensar en ellas teológica y espiritualmente. Madre de Dios: el Ser con un ente, el Infinito con el infinito, el Eterno con el tiempo, el Creador con la criatura».

Cada año entre agosto y septiembre, cuando nos hospedábamos con los abuelos paternos en Santa María Ligur, íbamos siempre de peregrinaje a un santuario cercano, el de Nuestra Señora de Montalegro. Allí en el 1597 María se le apareció y presentó a Juan Chichizola como la Madre de Dios y le pidió que construyese allí un santuario. Además, le mostró una corriente de agua considerada milagrosa. También en el verano de 2006 hicimos este pequeño peregrinaje.

Carlo nos dijo que en la oración había pedido a la Virgen poder ir derecho al Cielo sin tener que pasar por el purgatorio. Después, las escaleras que conducen al santuario se llenaron de peregrinos. Algunos tenían una invalidez muy grave y nuestro hijo con prontitud y sin dudarlo se apresuró a ayudarlos. Habíamos llevado algunas botellas vacías, nos acercamos al manantial y las rellenamos. Entonces nos dijo: «Es importante aprovechar estos dones del Cielo porque todos estos regalos gratuitos son útiles para progresar en el camino espiritual personal y en el crecimiento cotidiano y para ayudarnos a vencer los propios defectos y las propias debilidades».

También íbamos todos los años cuando estábamos de vacaciones al santuario de Nuestra Señora de Pompeya. Carlo le tenía muchísimo cariño a este lugar. Cuando apenas tenía 4 años realizó la consagración personal a la Virgen por iniciativa personal. Era también muy devoto de su fundador, el beato Bartolo Longo, que pasó de ser un prestigioso abogado del foro de Nápoles a un divulgador internacional de la oración del rosario.

En el verano de 2006 nos dirigimos a Portugal. La meta era el santuario de Fátima. Pero antes pasamos por Santarém, Portugal, porque allí se festejaba el aniversario de dos milagros eucarísticos. En el 1247 una muchacha muy celosa de su marido se dirigió a una hechicera. Esta le mandó robar una ostia consagrada y traérsela para hacer un filtro de amor. Entonces, la muchacha robó la ostia consagrada y la puso dentro de un paño de lino. De repente, comenzó a empaparse de sangre. Asustada, corrió a casa, abrió el paño y vio que la sangre brotaba de la partícula.

Aterrorizada y confundida, escondió todo en un cajón en su habitación. De allí comenzaron a salir potentes haces de luz. El marido, al darse cuenta, avisó al párroco que se llegó a la casa, cogió la partícula y adorándola la llevó a la Iglesia de San Esteban. La Ostia fue custodiada en relicario de cera de abejas y continuó sangrando durante tres días. Muchos años después ocurrió el segundo fenómeno. En el 1340 un sacerdote abrió el sagrario y se encontró el relicario de cera rajado y en su lugar un vaso de cristal con la Sangre de la Ostia en su interior mezclado con la cera.

Después de la parada en Santarém, continuamos hacia Fátima. Una vez llegamos, fuimos acogidos por una hermana amiga nuestra y por el padre Luis Kondor, que en aquel entonces era el postulador de la causa de beatificación de Francisco y Jacinta Marto. Mientras nos guiaban por una muestra fotográfica muy rica nos contaron muchos episodios ligados a las apariciones de 1917 a los tres pastorcillos, Jacinta de 7 años, Francisco de 9 y Lucía de 10. La Virgen les había dicho en sus diversas apariciones: «Recitad el rosario todos los días para obtener la paz en el mundo y el fin de la guerra». La vidente Lucía (que luego se volvió monja carmelitana) decía: «Con el poder que el Padre ha dado en estos últimos tiempos al rosario; no hay problema personal ni familiar ni nacional ni internacional que no se pueda resolver con él».

Carlo decía: «En Fátima, desde el principio hasta el final, la Virgen nos revela en manera muy significativa el amor que la Santísima Trinidad alberga por todos nosotros y la misericordia que Dios nos da a través del Corazón Inmaculado de María».

En Fátima todo te incita a tener una experiencia concreta y directa con Dios. A Carlo le impactó muchísimo que en la aparición del 13 de mayo de 1917 la Virgen hubiese propuesto a los pastorcillos: «¿Queréis ofreceros a Dios para soportar todos los sufrimientos que Él os querrá mandar como acto de reparación por los pecados con que se le ofende y de súplica para la conversión de los pecadores?». Los tres videntes respondieron «Sí, lo queremos». Después María «abrió por primera vez las manos, comunicándonos una luz muy intensa —narraron los tres pastorcillos—, una especie de reflejo que salía de ella y nos penetraba en el pecho y en lo más hondo del alma, haciendo que nos viésemos a nosotros mismos en Dios (que era aquella luz) más claramente que como nos vemos en el más claro de los espejos. Entonces por un impulso íntimo que también se nos comunicó caímos de rodillas y repetimos con el corazón: "Santísima Trinidad, yo Os adoro. Dios mío, Dios mío, yo Os amo en el Santísimo Sacramento"». María repitió con su propuesta a los tres niños todo lo que Jesús había enseñado con las palabras: *Si alguno quiere venir en pos de mí, que se niegue a sí mismo, tome su cruz cada día y me siga. Pues el que quiera salvar su vida la perderá; pero el que pierda su vida por mi causa la salvará. ¿De qué le sirve a uno ganar el mundo entero si se pierde o se arruina a sí mismo?* (*Lc* 9,23-25).

A nuestro hijo le fascinaba el aspecto místico de las apariciones y las enseñanzas de Fátima. Por ejemplo, se dio cuenta de que la oración que enseñó a los tres videntes ("¡Dios mío, yo creo, adoro, espero y te amo! ¡Te pido perdón por los que no creen, no adoran, no esperan, no te aman!") hace referencia explícita a las tres virtudes teologales, fe, esperanza y caridad, pilares del sacramento del bautismo. En Fátima se pone a Dios en el centro y al hombre se le ofrece una invitación para adorarlo. Es un mensaje de esperanza porque María en la adoración final dice: «Al final mi Corazón Inmaculado triunfará». Incluso anunció a Lucía que pronto Jacinta y Francisco estarían en el Paraíso, mientras que ella permanecería en la tierra para cultivar la devoción a su Corazón Inmaculado. También fue Lucía la que dijo a su confesor: "Recordaré siempre la gran promesa que me llenó de alegría: «No te dejaré jamás sola. Mi Corazón Inmaculado será vuestro refugio y la vía que os conducirá a Dios"».

Carlo renovó su consagración al Corazón Inmaculado de María más veces de manera solemne y en la iglesia durante el trascurso de una celebración comunitaria celebrada *ad hoc*. También la renovaba todos los días con estas pocas palabras: «Corazón Inmaculado de María, me consagro totalmente a Ti para siempre y con todos mis seres queridos».

Podríamos seguir mucho rato con los recuerdos, pero vamos a limitarnos a dar relevancia a algunos aspectos que fueron decisivos en el crecimiento de la fe de los tres: Organizábamos estos "viajes-peregrinajes" leyendo la historia de los lugares y de las personas que habían contribuido a su edificación. Después, durante el trayecto rezábamos juntos en el coche. Una vez que llegábamos al destino nos confesábamos, participábamos en la Misa y formulábamos propósitos de vida concretos. A continuación, repasábamos las historias que habíamos leído buscando descubrir los lugares descritos y si era posible buscábamos personas que nos pudiesen explicar algo del santuario como los milagros allí ocurridos. Por ejemplo, así preparamos el viaje a Fátima.

A menudo hacía muchas fotografías con su cámara y recogía material documental con el que después construiría las exposiciones. En resumen, fueron experiencias de gran comunión espiritual que nos fortalecieron mutuamente. Por ejemplo, no olvidaremos jamás las largas filas de velas al lado de la gruta de Lourdes. Al atardecer iluminaban la orilla del Gave. Brillaban contando con su luz las esperanzas, sufrimientos y angustias, es decir, la fe vivida por tantas personas. Y también nosotros encendimos juntos nuestras velas.

31. ¿Hay algún rasgo humano de Carlo que haya contribuido a volver su fe contagiosa?

¿Recordáis algún rasgo humano de Carlo que ha contribuido a volver su fe contagiosa?

El primero que nos viene a la cabeza era su optimismo. Era siempre muy positivo y tenía un vivaz sentido del optimismo. Solía decirnos: «La tristeza es mirar hacia uno mismo, la felicidad es mirar hacia Dios». Y efectivamente no lo vimos nunca triste, ni siquiera cuando fue ingresado en octubre de 2006.

En general fue un niño y más tarde un adolescente que no se quejaba nunca. Y así permaneció también durante sus últimos días. Al personal sanitario de las dos clínicas en las que estuvo le asombraba muchísimo su serenidad a pesar de sus fuertes molestias. También en esos momentos nos decía: «No yo, sino Dios» e incluso «No al amor propio, sí a la gloria de Dios». En los días anteriores, cuando todavía sólo tenía fiebre, nos dijo: «Ofrezco mis sufrimientos por el papa, la Iglesia, para no pasar por el Purgatorio e ir directo al Paraíso». Como siempre estaba alegre y lleno de buen humor pensamos que estaba bromeando. En realidad, todo ello eran expresiones de su fe. Su inteligencia radicaba en el misterio de la vida de Jesús. Sabía que él era el Señor, el Salvador, el Amigo que dio la vida por sus propios discípulos. Esto le daba una gran fuerza interior, una capacidad para mirar más allá de los sufrimientos o de los problemas del momento y por tanto, también la capacidad de desapego que es implícita al humorismo.

Estas acciones eran el resultado de una vida, breve, sí, pero vivida para quitar tensión a las situaciones más difíciles, para levantar el ánimo de quien estaba triste y sin esperanza, para consolar a quien vivía momentos de sufrimiento o de luto. Nunca cayó en la resignación o, peor, en la desesperación, porque había entregado su persona a Jesús.

Padre Roberto Gazzaniga, el sacerdote jesuita rector del Liceo Leone XIII de Milán, recogió algunos testimonios y recuerdos de los amigos del colegio de Carlo: «Las características que mayormente impresionaron y se han convertido en recuerdo y experiencia de los muchachos son la alegría, la vivacidad, la generosidad, su deseo por cuidar las amistades y su autodisciplina. "Nunca lo vimos enfadado, ni aunque lo chinchasen". Era un chaval muy empeñado en sus intereses personales sin por ello dejar de lado ningún deber. Sonriente, amable, capaz de mantener buenas relaciones con todos, "si estabas de mal humor, se te pasaba estando a su lado". También contagiaba con su optimismo y tenía intereses sociopolíticos "en esa etapa del crecimiento donde a menudo prevalece la atención a sí y al pequeño mundo propio, su simpatía y su estilo acogedor y hospitalario despuntaban a la hora de tomar la iniciativa y acoger amigos entre las paredes de casa o en el hecho de que con él uno sentía que las palabras no caían en la escucha formal y educada, sino que había un interés real por la persona". En particular, impactó mucho a sus compañeros de clase –y no sólo a ellos– la espontaneidad, la disponibilidad y la fiabilidad de Carlo».

32. «CADA MINUTO QUE PASA ES UN MINUTO MENOS QUE TENEMOS A DISPOSICIÓN PARA SANTIFICARNOS».

Otra expresión de Carlo es: «Cada minuto que pasa es un minuto menos que tenemos a disposición para santificarnos».

La expresión "un minuto menos" podría darle ansiedad a alguien. Para nuestro hijo, sin embargo, era un estímulo para dar lo mejor de sí, sin ansia, pero con espontaneidad y firmeza, es decir, un estímulo a vivir virtuosamente por amor, a preocuparse del alma y de la vida espiritual. «¿Por qué los hombres se preocupan tanto del propio físico, pero no de su alma? La belleza del cuerpo es como la de una rosa, dura poco y está destinada a marchitarse pronto». Comparaba también la belleza exterior con un castillo de arena en la playa: nada más llega la primera ola lo destruye y queda sólo un poco de arena. Sin embargo, la belleza espiritual permanece para siempre. Esta se substancia en acciones virtuosas, en obras de fe o esperanza y sobre todo en obras de caridad hacia Dios o hacia el prójimo.

Carlo también decía: «Todos los esfuerzos para permanecer siempre estéticamente jóvenes y guapos son totalmente inútiles. Al final todo pasa... Lo que de verdad nos volverá guapos a los ojos de Dios será sólo la manera con la que lo habremos amado y como habremos amado a nuestros hermanos».

Tuvo la intuición interior de preocuparse de su propia belleza espiritual. Pensamos que ocurrió porque el Espíritu Santo lo inspiró y porque algún buen sacerdote y algunos buenos ejemplos le supieron aconsejar bien. Supo cultivar las virtudes, justo como enseña un gran autor espiritual, Evagrio Póntico († 399). De hecho, Evagrio nos da preciosos consejos formulados como sentencias o máximas para formar una vida espiritual sana y fuerte. En su *Tratado Práctico* escribe: «Cuando el espíritu vagabundea, la lectura, las vigilias y la oración lo estabilizan. Cuando la concupiscencia está excitada, el hambre, la austeridad y la soledad la aplacan. Cuando el irascible está agitado, la salmodia, la paciencia y la misericordia lo calman. Estas prácticas deben realizarse en el momento y en la medida conveniente porque lo que se hace sin moderación e inoportunamente dura poco, y lo que dura poco es más perjudicial que útil» (§ 15).

Los que conocieron a Carlo reconocen que era siempre radiante, signo externo de su victoria en el control de sus emociones y pasiones. También Evagrio nos enseña que:

«Las pasiones, en razón de su naturaleza, son causadas por las sensaciones. Sin embargo, si la caridad y la continencia estuvieran presentes en el alma, las pasiones no se desencadenarían; pero al estar ausentes estas las pasiones se desencadenan» (§ 38). Cuando al fin nuestras virtudes gobiernen sobre el mundo de las pasiones y de las emociones, entonces surgirán «la humildad con la compunción, las lágrimas, un deseo del infinito Dios y un celo sin medida por el trabajo» (§ 57).

También en sus consejos es muy original y simpático: «Cuando seas tentado no ores en ese mismo momento, antes bien dirígele algunas palabras cargadas de cólera al que te aflige. Porque mientras tu alma esté perturbada por los pensamientos no podrá orar con pureza. Pero si primero les dices algunas palabras llenas de ira a los demonios, confundirás a tus adversarios y harás desaparecer los pensamientos que te sugerían. Tal es el efecto natural de la cólera, aun tratándose de pensamientos buenos» (§ 42).

33. ¿PODÉIS RECORDAR ALGO MÁS SOBRE SUS OTRAS VIRTUDES EN LA VIDA COTIDIANA?

Nos habéis ya hablado de la importancia que Carlo atribuía a la vida virtuosa y en particular a la caridad junto con la adoración, la Misa y el auxilio fraterno ¿Podéis recordar algo más sobre sus otras virtudes en la vida cotidiana?

No hacía nunca comparaciones entre él y los demás, no porque se creyese superior como un soberbio, sino porque era muy sencillo, modesto y prefería mantener un perfil bajo. No quería para nada ser el centro de atención. Una vez nos dijo: «¿Por qué disminuir la luz de los otros para hacer brillar la propria?», una expresión que revela lo alejado que estaba de la envidia. En el liceo una vez sacó un 9 y fue la nota más alta de la clase. Dos de sus compañeros a los que se les consideraba los más listos sacaron una nota mucha peor y lloraban porque Carlo les había superado. A pesar de lo muy sorprendido que estaba por su reacción, nos dijo que intentó consolarlos y les dijo que no se lo merecía, que el profesor le había valorado excesivamente bien.

No murmuraba ni criticaba a los demás y todavía menos le gustaba que criticasen a los otros. Buscaba de todas las formas posibles no entrar en estas discusiones destructivas. Era lo contrario de todo esto: ayudaba a sus compañeros para que tuviesen éxito en el estudio, el deporte y la vida espiritual y se alegraba y los felicitaba cuando obtenían buenos resultados.

Una de las cualidades que los amigos más apreciaban de él eran su fidelidad y veracidad. Si daba su palabra, la daba. No sabía que era mentir. Cuando daba catequesis contaba este episodio transmitido por una hija espiritual del Padre Pio de Pietrelcina: «El Padre, lo sabemos todos, no quería que dijésemos una sola mentira ni siquiera en broma o por una cosa de poca monta. Yo, para mantener el empeño que recibía en las confesiones, comencé a pedir ayuda a mi ángel de la guarda. Cuando me encontraba en dificultades porque me preguntaban algo que no sabía o no podía responder, sin caer en la mentira, me encomendaba a él».

Tenía una gran capacidad para gobernarse a sí mismo en todos los sentidos, no sólo en la templanza, sino también en la palabra y en el uso del tiempo. Por ejemplo, de pequeño para no molestar a los adultos o interrumpir nuestro trabajo, se podía pasar horas jugando solo, leyendo o dibujando dibujos animados. No sabía que eran los caprichos. A Elisa, la profesora que estaba con él algunas tardes, le sorprendió muchísimo el dominio que tenía de sí mismo y su capacidad para gestionar bien el tiempo entre estudio y juego, entre oración y encuentro con los amigos.

También era comedido con la comida. Si había algún plato que no le gustaba lo comía igual. Cuando había dulces u otros platos apetitosos, sabía esperar a que primero se servirían los demás y los huéspedes y al final si sobrara algo se lo cogía él. Decía con calma que era goloso y que tenía buen apetito, pero fuera de las comidas no comía nunca. En el verano de 1999 nos habíamos pasado un poco comiendo pizza y helados y todos habíamos engordado un poco. De vuelta a Milán, comenzó de inmediato a moderarse y adelgazó. Para Carlo la moderación con la comida no era sólo cuestión de dieta o de buena salud, era también la posibilidad de ofrecer a Dios alguna pequeña ofrenda, es decir, alguna pequeña renuncia de algo lícito y bueno con el objetivo de conseguir algo mejor. Ofrecía su pequeña renuncia de la merienda o de algún dulce para ayudar a las ánimas de los difuntos en el purgatorio. A veces incluso llegó a renunciar a ver las películas que más le gustaban aparte de no querer ver las violentas y vulgares. De pequeño prefería los dibujos animados y los documentales sobre animales. Después su gusto cambió a las películas de acción y los documentales sobre la Biblia o la vida de los santos.

Algunos meses después de su muerte, la comisión de la Archidiócesis de Milán, encargada de instituir el proceso de beatificación, examinó la cronología de las actividades de su ordenador personal. La última actividad era del día anterior a su ingreso en el hospital. La comisión reveló que las páginas de Internet que solía visitar tenían que ver con asignaturas del liceo clásico, de informática y sobre todo con argumentos relativos a la fe. No había rastro de páginas pornográficas. Esta es también otra muy buena prueba del uso que Carlo hacía de su tiempo, su templanza y su castidad.

Nuestro hijo, bien como catequista, bien como compañero de clase, proponía a sus amigos esa rectitud que él vivía gracias a la fe. Lo escuchamos más veces insistir a sus amigos para que viviesen una vida casta y no malgastasen su tiempo con la pornografía o en los pecados de impureza. A menudo les decía: «El tentador nos pone a prueba justo en este campo que es donde podemos tener más debilidades. No debemos tener miedo, sólo tenemos que escapar con decisión. El tentador no puede hacer nada sin el permiso de nuestra voluntad. Con la pornografía y los pecados de impureza el demonio se lleva muchísimas almas al infierno». Y citaba la aparición de María a Fátima en el 1917 que dijo a Francisco, Jacinta y Lucía que «muchas almas van al infierno por los pecados de la carne». No temía repetir a sus amigos lo que enseñaba el *Catecismo de la Iglesia Católica* (§ 2354): «La pornografía... atenta gravemente a la dignidad de quienes se dedican a ella (actores, comerciantes, público), pues cada uno viene a ser para otro objeto de un placer rudimentario y de una ganancia ilícita. Introduce a unos y a otros en la ilusión de un mundo ficticio. Es una falta grave. Las autoridades civiles deben impedir la producción y la distribución de material pornográfico».

Su castidad también brillaba en su mirada y en la atención que dedicaba a los demás. «Nunca dejará de ser muy importante vigilarnos a nosotros mismos —decía Carlo—. Sólo si mantenemos una pureza de corazón seremos capaces de acumular el tesoro justo que nos servirá para la eternidad». Sabía que la pureza de corazón, de los afectos y de la mirada va de la mano con la moderación de aspectos muy cotidianos como la manera de vestir o de caminar. Sabía que se debe huir de la sensualidad y todos sus "accesorios" porque nos alejan de la contemplación de la bella imagen que Dios imprime en nosotros —somos *templos de la Santísima Trinidad*— y porque contamina nuestra manera de amar. Y también porque sabía que la templanza y la castidad son un don que proviene de Dios. Por ello, pedía siempre a Dios que le ayudase a mantener esa inocencia bautismal que deberíamos custodiar todos celosamente. Le pedía también a Él y a su ángel custodio con gran confianza que le ayudasen a vivir siempre en la gracia santificante.

Otras virtudes humanas que recordamos de Carlo son su constancia, su fidelidad y su fortaleza en la práctica deportiva. Tuvo la suerte de practicar muchos deportes a partir de los 5 años: el fútbol, el esquí, la natación, el kárate, el kung-fu, el tenis, el voleibol y el atletismo. Según la edad se empeñó en uno o en otro con pasión, pero nunca con espíritu de competición o revancha. Para él practicar un deporte significaba por encima de todo cultivar la amistad, vivir momentos de alegría con los amigos, crecer junto a ellos en un mismo objetivo, poner a prueba las propias fuerzas físicas, superar los miedos y el cansancio y vencer a las dificultades que nacen en cualquier equipo.

No nos pidió nunca que lo apuntásemos a deportes de riesgo como parkour o parapente.

34. Preguntas incómodas [...] la ira de Dios

Ahora voy a haceros algunas preguntas incómodas y se las dirijo a Antonia. En el Evangelio según San Juan 3,36 *se dice:* El que cree en el Hijo posee la vida eterna; el que no crea al Hijo no verá la vida, sino que la ira de Dios pesa sobre él. *La ira de Dios es un tema recurrente en la revelación histórico-bíblica y aun así muchos prefieren censurarla.*

La cólera o la ira de Dios es una imagen muy frecuente en las sagradas Escrituras (cf. Éxodo 15,8; 32,10; *Números* 12,9; *Salmo 2,5.12; Romanos* 1,18, *Efesios* 2,3, sólo por citar algunos pocos ejemplos). Es una imagen metafórica aplicada a Dios. Dios es puro espíritu, no tiene cuerpo y por tanto no puedo tener las pasiones o emociones del ánimo humano. Con esta metáfora se da a entender el castigo o la pena en la que incurren los impíos, es decir, los pecadores, y está estrechamente relacionada con la justicia salvífica de Dios (cf. *Miqueas* 7,9; *Sofonías* 3,1-10; *Carta a los Romanos* 5,9 y *Primera Carta a los Tesalonicenses* 1,10). Dios quiere directa y positivamente la salvación de todos, mientras que el castigo o la pena los quiere sólo indirectamente.

Es decir, sólo acepta la pena porque es la consecuencia personal en la que cae cualquiera que rechaza obstinada y responsablemente la acción de salvación de Cristo.

Entre muchos creyentes se ha difundido la opinión de que el infierno esté vacío. Pero esta opinión la desmienten varios hechos. En primer lugar, nosotros los italianos estamos muy influenciados por la *Comedia* de Dante y nos lo imaginamos como un lugar. Pienso, sin embargo, que habría que considerarlo principalmente como una posible condición de vida: el condenado, que puede ser cualquier hombre o ángel, rechaza con cabezonería a Dios y, sin embargo, continúa estando en su presencia. Él se manifiesta por lo que es, es decir, Misericordia que ama. El condenado sabe con certeza que Dios es Misericordia que ama, pero está encerrado en su obstinación y en su rechazo. Es justo lo que arrastra la pena del hombre o ángel condenado. Es algo dramático y doloroso: los condenados saben que Dios es Misericordia sin límites, pero están ciegos en el odio y el rechazo.

En los meses que precedieron a su muerte, Carlo estaba preparando fotos y textos para una nueva muestra titulada "Infierno, Purgatorio y Paraíso". Por tanto, me remito a parte de su material. Por ejemplo, había recogido el contenido de lo que la Virgen reveló a los tres muchachos en Fátima a cerca del Infierno. El 13 de junio de 1917 María Santísima les exhortó así: «Sacrificaos por los pecadores. Decid muchas veces y especialmente cada vez que hacéis algún sacrificio: "Oh Jesús, esto es por amor a ti, por la conversión de los pecadores y en reparación por los pecados cometidos contra el Inmaculado Corazón de María"». Sor Lucía recordó también después de algunos años: «Debe de haber sido delante a aquellas visiones del infierno que dejé escapar un "¡Ai!" que dicen haber oído exclamar [...]. Asustados y como para pedir ayuda, alzamos los ojos a la Virgen que nos dijo con bondad y tristeza: "Habéis visto el infierno donde caen las almas de los pobres pecadores. Para salvarles Dios quiere establecer en el mundo la devoción a mi Inmaculado Corazón. Si hacéis lo que os digo muchas almas se salvarán y tendrán paz"».

35. OPINIÓN ERRÓNEA, PERO EXTENDIDA... DE QUE EL INFIERNO ESTÉ VACÍO... ¿QUÉ EFECTOS TIENE EN LA VIVENCIA DE LA FE?

Vuelvo a la opinión errónea pero extendida que usted, Antonia, ha recordado hace un momento, que el infierno esté vacío. A su juicio, Andrea, ¿qué efectos tiene esto en la vivencia de la fe?

Simplemente devastadores. Aceptarlo significaría que al final de la vida todo tendrá el mismo resultado. Da igual que yo ame a Dios y al prójimo o que los odie porque el resultado será el premio del Paraíso. Por lo tanto, no tendría ningún sentido la conversión, la *metanoia*, es decir, el cambio de mentalidad. Todo esto va contra la enseñanza del Evangelio.

Carlo, para dar catequesis sobre este tema y pensando justo en los que creen que el infierno no exista o esté vacío, había transcrito este fragmento del *Diario* de santa Faustina Kowalska, la santa de la Divina Misericordia: «Hoy he estado en los abismos del infierno, conducida por un ángel. Es un lugar de grandes tormentos, ¡qué espantosamente grande es su extensión! Los tipos de tormentos que he visto: el primer tormento que constituye el infierno es la perdida de Dios; el segundo el continuo remordimiento de conciencia; el tercero que aquel destino no cambiará jamás; el cuarto tormento es el fuego que penetra al alma, pero no la aniquila, es un tormento terrible, es un fuego puramente espiritual, incendiado por la ira divina; el quinto tormento es la oscuridad permanente, un horrible y sofocante olor y a pesar de la oscuridad los demonios y las almas condenadas se ven mutuamente y ven todos el mal de los demás y el suyo; el sexto tormento es la compañía continua de Satanás; el séptimo tormento es una desesperación tremenda, el odio a Dios, las imprecaciones, las maldiciones, las blasfemias. Estos son los tormentos que todos los condenados padecen juntos, pero no es el fin de los tormentos.

Hay tormentos particulares para distintas almas, que son los tormentos de los sentidos: cada alma es atormentada de modo tremendo e indescriptible con lo que ha pecado. Hay horribles calabozos, abismos de tormentos donde un tormento se diferencia del otro. Habría muerto a la vista de aquellas terribles torturas, si no me hubiera sostenido la omnipotencia de Dios. Que el pecador sepa: con el sentido que peca, con ese será atormentado por toda la eternidad. Lo escribo por orden de Dios para que ningún alma se excuse [diciendo] que el infierno no existe o que nadie estuvo allí ni sabe cómo es.

Yo, Sor Faustina, por orden de Dios, estuve en los abismos del infierno para hablar a las almas y dar testimonio de que el infierno existe. Ahora no puedo hablar de ello, sino que tengo la orden de dejarlo por escrito. Los demonios me tenían un gran odio, pero por orden de Dios tuvieron que obedecerme. Lo que he escrito es una débil sombra de las cosas que he visto. He observado una cosa: la mayor parte de las almas que allí están son las que no creían que el infierno existe. Cuando volví en mí no pude reponerme del espanto que terriblemente sufren allí las almas. Por eso ruego con más ardor todavía por la conversión de los pecadores, invoco incesantemente la misericordia de Dios para ellos. Oh, Jesús mío, prefiero agonizar en los más grandes tormentos hasta el fin del mundo, que ofenderte con el menor pecado».

Los dos relatos que he narrado, el de Fátima y el de santa Faustina, se refieren a visiones. Los pastorcillos de Fátima y Sor Faustina aprendieron a través de imágenes. Nosotros mismos también aprendemos a partir de la experiencia sensorial, a menudo con imagines vistas con los ojos o ideadas y configuradas por la fantasía. Además, los dos relatos hablan de lugares. Pero también pongo de relieve que dijeron que las llamas son algo espiritual y no físico. Al final tenemos que quedarnos con que son apariciones que quieren orientar a cada uno de nosotros a la conversión de la vida y a la fe en Dios que no es sino Misericordia que ama y salva.

36. Además de los deportes que habéis recordado, ¿Carlo tenía más pasatiempos?

Más allá de los deportes que habéis recordado, ¿Carlo tenía más pasatiempos?

Tenía muchos y, como es natural, cambiaron según maduraba.

Cuando era pequeño empezaron a circular videojuegos como la PlayStation, el Gamecube, la Xbox o la Gameboy. Por supuesto le gustaban mucho. Pero por su propio pie, sin que nosotros le hubiésemos dicho nada, se propuso un tiempo máximo de uso de los videojuegos: no superar una hora a la semana. A su edad ya sabía que podían causar dependencia y que en USA algunos de sus coetáneos habían sido ingresados en clínicas especializadas y que en los casos más graves incluso habían desarrollado crisis epilépticas.

Al hacerse más grande, recibió algunos regalos que transformaron su tiempo libre: una cámara de fotos y otra de vídeo. Tenía mucha habilidad grabando "peliculillas" con sus amigos y también con Rajesh, que en general hacía de espía. También con Luana y con nuestros perros. Eran películas de acción que también destilaban un gran sentido de la ironía. Además, utilizó sus habilidades con la fotografía para recoger mucho material con el que ideó y realizó las muestras sobre los milagros eucarísticos y el volumen *I Milagros Eucarísticos y las raíces cristianas de Europa* junto a Sergio Meloni, editado por Edizioni Studio Domenicano. Es una recogida muy importante: antes de ella no había ninguna parecida que incluyese fotos y documentos sobre todos los milagros eucarísticos. Había sólo ensayos u opúsculos dedicados a hechos singular o a grupos de unos pocos. En estos momentos ya ha alcanzado la tercera edición y ha sido traducido a distintos idiomas.

De niño e incluso más de adolescente su pasatiempo favorito era la informática con muchas de sus aplicaciones. Siempre había sido muy bravo en matemáticas y en las otras materias científicas. Desarrolló una notable habilidad desarrollando programas con los lenguajes informáticos más complejos. Dos profesores universitarios de ingeniería y amigos nuestros que solíamos ver en Milán se quedaron asombrados de sus dotes. Carlo, como de costumbre, bromeaba al respecto: llevaba una bata blanca, un par de gafas falsas para darse aires de adulto y un cartel sobre la bata que decía "científico informático". Con 9 años comenzó a estudiar volúmenes de informática de nivel universitario que le comprábamos en el Politécnico de Milán. Sin haber asistido nunca a cursos *ad hoc* era capaz de programar en Java, C, C++ y Ubuntu o modelar en 3D con Suite Adobe y Maya.

Dado que era así de mañoso y disponible, nosotros en primer lugar, Rajesh, la abuela Luana y después sus amigos y compañeros de escuela empezaron a pedirle consejos y ayuda para el uso de sus proprios ordenadores. Este fue otro campo en el que también dio pruebas de su caridad fraterna: dedicar el tiempo a los otros creciendo en el bien, en habilidades buenas, en construir algo excelente, en trasmitir a su prójimo sus habilidades informáticas.

Al final de la tercera media preparó para muchos de sus compañeros los borradores en PowerPoint de la presentación de su tesina para el examen[2]. Con un estudiante de ingeniería informática construyó la página web de la parroquia de Santa María Secreta de Milán. En los dos años

---

2   En el sistema educativo italiano los alumnos están obligados a realizar un pequeño trabajo de investigación y defenderlo de manera oral, normalmente con ayuda de una presentación digital, al final de la tercera media (11-14 años) (N.T)

de liceo en el Leone XIII, continuó poniendo al servicio de los demás su talento con la informática, ya fuese para los compañeros o para la escuela misma. En el verano de 2006 dedicó mucho de su tiempo libro a construir una página web que presentase las obras de apostolado y voluntariado gestionadas por los Jesuitas a favor de los últimos y de los más necesitados.

Para nuestra gran sorpresa, el papa Francisco presentó a Carlo como modelo en el uso de estos medios de comunicación. Lo hizo en la *Exhortación apostólica post-sinodal a los jóvenes y a todo el pueblo de Dios, Christus vivit* (25 marzo 2019, §§ 104-106):

«Te recuerdo la buena noticia que nos regaló la mañana de la Resurrección: que en todas las situaciones oscuras o dolorosas que mencionamos hay salida. Por ejemplo, es verdad que el mundo digital puede ponerte ante el riesgo del ensimismamiento, del aislamiento o del placer vacío. Pero no olvides que hay jóvenes que también en estos ámbitos son creativos y a veces geniales. Es lo que hacía el joven venerable Carlo Acutis.

Él sabía muy bien que esos mecanismos de la comunicación, de la publicidad y de las redes sociales pueden ser utilizados para volvernos seres adormecidos, dependientes del consumo y de las compras, obsesionados por el tiempo libre, encerrados en la negatividad. Pero él fue capaz de usar las nuevas tecnologías de comunicación para transmitir el Evangelio y para comunicar valores y belleza.

No cayó en la trampa. Veía que muchos jóvenes, aunque parecen distintos, en realidad terminan siendo más de lo mismo, corriendo detrás de lo que les imponen los poderosos a través de los mecanismos de consumo y atontamiento. De ese modo, no dejan brotar los dones que el Señor les ha dado, no le ofrecen a este mundo esas capacidades tan personales y únicas que Dios ha sembrado en cada uno. Así, decía Carlo, ocurre que "todos nacen como originales, pero muchos mueren como fotocopias". No permitas que eso te ocurra».

37. Carlo fue catequista...

De tanto en tanto habéis apuntado al hecho de que Carlo fue catequista. ¿Podéis contarme algo más?

Estamos en el 2002-2003. Carlo está frecuentando la prima media, viene hacia nosotros y nos pide permiso para ser catequista con otros compañeros suyos un poco más mayores. Por encargo del párroco, Mons. Gianfranco Poma, quieren preparar a los niños para la confirmación. Sabíamos que el estudio le llevaba mucho tiempo y no queríamos que sus resultados se resintiesen. Por tanto, le dimos nuestro permiso con la condición de que siguiese así en la escuela.

Fue fiel a esta tarea durante algunos años. Siempre andaba muy satisfecho y entusiasmado por estos encuentros que organizaba con gran vivacidad. El objetivo que se había fijado con los niños de la catequesis era proponerles que se volviesen santos. Para ello había ideado un "kit para volverse santo":

«Quiero confiarte algunos de mis secretos más especiales que te ayudarán a alcanzar rápidamente la meta de la santidad. ¡Acuérdate siempre que tú también podrías hacerlo! Antes que nada, hay que desearlo con todo el corazón, y si no lo deseas ahora, debes pedirlo con insistencia al Señor.

1) Procura ir todos los días a Misa y hacer la Santa Comunión.

2) Si puedes, haz algún momento de adoración eucarística delante del sagrario donde está realmente presente Jesús, ¡así verás cómo aumenta rápidamente tu nivel de santidad!

3) Recuerda recitar cada día el Santo Rosario.

4) Léete cada día un fragmento de las Sagradas Escrituras.

5) Si puedes, confiésate todas las semanas, incluso los pecados veniales.

6) Haz a menudo propósitos y ofrendas al Señor y a la Virgen para ayudar a los demás.

7) Pide ayuda a tu ángel custodio para que sea tu mejor amigo».

38. ENTUSIASTA, VIVAZ, OBEDIENTE Y LIBRE... ¿OBEDIENTE Y TAMBIÉN LIBRE Y VIVAZ?

Quién conoció a Carlo —en gran parte ya lo hemos escuchado— lo definía como un chico entusiasta, vivaz, obediente y libre. Pregunta a Andrea: ¿Estas cualidades no son contradictorias? ¿Obediente y también libre y vivaz?

La libertad se coloca en la cima de los deseos del hombre, se puede decir que incluso es una parte constitutiva de la persona humana. Para los chavales jóvenes la libertad genera, además, una fascinación muy peculiar porque han estado sujetos a la autoridad de los padres y de sus educadores desde el nacimiento y les fascina con mucha facilidad la idea de poder emanciparse. Por esto, es todavía más importante ayudarlos a discernir sobre su naturaleza.

Generalmente la libertad se entiende como ausencia de constricciones exteriores en la propia vida, algo que sin suda tiene una gran importancia, especialmente si se trata de ser libres de constricciones injustas. Consideremos también que políticamente, como hijos de la Revolución Francesa, nuestra sociedad dedica todos sus esfuerzos a construir sistemas democráticos en grado de mantenernos libres de situaciones de tiranía (aunque haciendo esto a veces se cae en nuevas formas de dictadura).

Sin embargo, creciendo, los chicos aprenden rápido que esta libertad, entendida como ausencia de constricciones materiales, encuentra a menudo obstáculos que se revelan como insalvables. Es más, por encima de todos nos encontramos ubicados en el así llamado espacio-tiempo. El tiempo fluye en una única dirección. Podemos vivir sólo el instante del presente y el tiempo perdido no se podrá nunca recuperar. Por otro lado, según los conocimientos de física actuales resulta que cualquier objeto dotado de una masa se puede mover de un lado a otro sólo con un gran aporte de energía y en distancias substancialmente minúsculas en relación con las extensiones infinitas del Universo. Por si fuera poco, las vicisitudes de la vida, desde el nacimiento hasta la muerte, están sujetas a una infinitud de elementos que no dependen de nuestra voluntad. No elegimos darnos la vida y ni siquiera donde nacer, en qué país del mundo o en qué familia, que personas nos encontraremos, en que situaciones nos las tendremos que ver y un largo etcétera.

Si ilusionamos a los chavales con la esperanza de que puedan ser libres de todas estas constricciones ineludibles, estamos haciendo de ellos unos fracasados desde el nacimiento que no buscarán nada más que la posibilidad de evadirse de este mundo con distracciones más o menos lícitas. Entonces ¿cómo es posible que el ánimo humano tenga un deseo así de fuerte por una cosa inalcanzable? La felicidad depende de la certeza de poder alcanzar lo que deseamos. ¿Estamos, por lo tanto, condenados por nuestra propia constitución a la infelicidad? ¿O es que acaso ponemos nuestros deseos en cosas que no nos saciarán nunca? ¿Por qué si no decimos a nuestros jóvenes "lo importante es que te diviertas" o también "lo importante es la salud" o "tienes que estudiar porque si no tienes éxito en el trabajo serás un fracasado"?

Divertirse de manera saludable, la salud, un trabajo justamente remunerado son cosas buenas por las que dar las gracias a Dios si las tenemos. Pero no es en absoluto seguro que estén ahí y si las tenemos podrían no durar, es más, dejemos claro que sabemos con certeza que en algún momento acabarán. Carlo utilizaba todas las cosas buenas de este mundo, pero el mundo no era su tesoro. Justo ahí está el problema, que estamos demasiado acostumbrados a buscar tesoros donde no los hay. La libertad de las constricciones materiales es uno de esos falsos tesoros.

Ahora sabemos que efectivamente somos seres dotados de una libertad, una libertad que estamos continuamente llamados a ejercitar con nuestras decisiones. Incluso antes de ser iluminados por la fe, cada uno de nosotros sabe que existe una libertad, que en tanto que inmaterial, no puede estar sometida por las limitaciones de nadie. Es la libertad de desear o amor lo que queramos. Por tanto, sólo con nuestras facultades humanas podemos intuir que la esencia misma de la vida humana tiene que estar unida a esta libertad y que el uso que nuestros jóvenes hagan de ella, determinará el grado de éxito de nuestra vida.

Dejémonos ahora iluminar por nuestra fe. Todo se volverá claro, simple y maravilloso. Dios mismo, el Omnipotente, el Amor y el Sumo Bien, llama a la puerta de nuestro corazón y nos dice "Yo soy el Amor, te he creado para amar y para ser amado. ¿Quieres desear el amor?" Si respondemos que sí, sabemos con certeza que podremos ser escuchados porque es una promesa suya. Esta es precisamente la esencia y el motivo de nuestra libertad. ¿Cómo podría Dios proponernos recibir su amor si no nos hubiese dado antes un alma capaz de ser libre, capaz de poder decir sí al Amor de la misma manera, por ejemplo, en la que decimos que sí a la persona amada en el sacramento del matrimonio? La libertad de amar está unida a dos facultades de nuestra alma: el intelecto y la voluntad. La primera nos propone la cosa justa y con la segunda elegimos amarla. Además, debemos intentar tener la humildad de entender (no sin ayuda de la gracia) que Dios ha dispuesto que seamos partícipes de su vida divina a través de los sacramentos que Él mismo instituyó.

De esta manera la tarea de los padres se simplifica enormemente. La salud de los hijos, su futuro trabajo o todas las cosas buenas de la vida ya no son la meta deseada, sino que pasan a la subcategoría de medios para alcanzar la Meta que es Dios. Tenemos que enseñar a nuestros hijos que a diferencia de los deseos de este mundo –que, aunque puedan realizarse, a menudo fallan y nos dejan en un estado de inseguridad que rehuimos con diversas distracciones (de aquí nace la frase "lo importante es que te diviertas")– un sincero y firme deseo de Dios no puede fallar. No puede fallar por nada porque precisamente el único requisito es desearlo con firmeza y comportarse consecuentemente diciendo sí a todas las cosas buenas que nos propone el Señor. Esto lo podemos hacer gracias a la ayuda de la gracia que Él no nos negará nunca si no nos oponemos a ella. Si lo logró el buen ladrón, lo podemos lograr también nosotros y nuestros hijos.

El problema es que sí que nos cuestan caros porque no queremos renunciar a nuestros falsos tesoros. Por tanto, tenemos que emplear el tiempo de nuestra vida en una continua búsqueda de un sí dicho siempre con un amor mayor, con más decisión y firmeza; y con un no a todo aquello que nos impida alcanzar nuestro tesoro en el Cielo. El Señor se preocupará de darnos todas las cosas materiales y espirituales de las que tenemos necesidad en nuestro camino.

Por una particular gracia del Señor, Carlo se pudo beneficiar desde pequeño de una especial unidad y armonía interior que renovaba continuamente con sus decisiones de poner a Dios y el mandamiento del Amor en el primer puesto. Quizás esta palabra, "mandamiento", rechina a nuestros oídos amoldados a las falsas libertades de este mundo. Pero ¿no es el amor una pasión que tenemos que seguir para ser felices?

Los sentimientos y las pasiones van y vienen, crecen y disminuyen, a menudo por factores psicológicos ligados a procesos bioquímicos de nuestro cerebro. Si enseñamos a nuestros jóvenes a seguir un amor entendido como "lo que siento", les estamos enseñando a ser muchos Pinochos sin libertad que como la marioneta pensarán que son libres sólo cuando estaba siguiendo sus deseos. Es necesario enseñarles que el amor es por encima de todo un acto de voluntad que prescinde del sentimiento. De hecho, en el sacramento del matrimonio no prometemos amar a nuestra pareja solo hasta que se mantenga en nuestra psique un impulso de atracción, sino que prometemos amar hasta que la muerte nos separe. Es así como hay que entender el mandamiento de amar a Dios y al prójimo.

¿Por qué los santos atraen a tantas personas? Porque ejercieron bien su libertad y percibimos que fueron movidos por el verdadero Amor sin esa falsedad, esa división y esa malicia que están por fuerza presentes (aunque a menudo inconscientemente) en el que elige adorar tesoros diversos del Sumo Bien, es decir, en el que elige la falsa libertad.

39. MARCO GENERAL DE REFERENCIA...

A menudo en el proceso educativo se habla de un marco general de referencia. Me dirijo a Antonia. A su juicio y según su experiencia ¿qué marco puede sugerir?

Bueno, yo parto de mi experiencia. Durante mi infancia conocí distintos jóvenes, a menudo hijos de amigos de mis padres. Ahora que han pasado los años me consta que han tenido vidas muy difíciles y puedo decir la causa: una educación demasiado laxa, carente de puntos fijos de referencia y de un marco general de objetivos altos.

Analizando las experiencias de estas personas he notado que todas tienen un denominador común: padres muy permisivos. Desde que tenían 10 años les permitían hacer cosas que normalmente están reservadas a chicos más mayores. Sobre todo, la edad comprendida entre los 12 y 14 años para ellos fue devastadora. Me acuerdo de una niña, hija de una amiga de mi abuela, con la que jugaba siempre muy a gusto. Nos veíamos sobre todo en verano, cuando íbamos a ver a mi abuela a la playa de Anzio. Jugábamos mucho y especialmente con los animales de peluche. Pero en el verano de 1978, cuando había cumplido ya los 12 años, me dejó muy sorprendida. Ella era un año más pequeña que yo. No nos veíamos desde hace un año y cuando la volví a encontrar estaba muy cambiada. Ya se vestía con ropa de adulto, se maquillaba y llevaba zapatos de tacón. Solía juntarse con chicos más mayores que ella e hijas de otros amigos de la familia, todos ellos víctimas de un método educativo que me atrevería a llamar "devastador". Esta chica me ignoró por completo, parecía que no había conocido nunca. Además, había empezado a salir por la noche con chavales más mayores que la llevaron por el mal camino del alcohol y la marihuana.

Un año después mi amiga se quedó embarazada y esto fue su salvación. La mayor parte de los demás, algunos por una cosa, otros por otra, se arruinaron la vida. Unos con la droga, otros al unirse en grupos extremistas políticos, otros con vidas afectivas desordenadas. Entre todos estos jóvenes, sólo una amiga de la infancia a la que quería muchísimo se salvó gracias a un horrible accidente que tuvo con el coche y del que salió inválida físicamente. Pero por fortuna esto la alejó de la droga.

Muchos padres piensan que el bien de sus hijos significa tenerlos siempre contentos dándoles la máxima libertad. Por desgracia esto trae consigo muchos riesgos. Los últimos estudios de neurofisiología y neurociencia muestran que en la base de estos comportamientos típicos de los adolescentes hay razones neurológicas concretas. Por una parte, durante esta etapa se desarrolla el pensamiento formal que permite razonar de manera abstracta, innovativa y creativa; por el otro, se asiste a la intensificación de emociones que los chicos a menudo tienen muchos problemas para regular. Es justo esta inmadurez cerebral la que no les permite vivir las emociones en un modo equilibrado, con más riesgo de trastornos como el ansia o el estrés. Además, durante la adolescencia se acentúa el impulso hacia la gratificación y, por tanto, hacia el descubrimiento de nuevas experiencias en las que se incluyen comportamientos arriesgados.

Para los adolescentes, el "otro" se vuelve un espejo en el que observar los propios miedos e inseguridades, construirse una identidad propia y aprender a reconocer las propias emociones. El conocido profesor Giacomo Rizzolati (responsable del descubrimiento de las neuronas espejo) subraya que más allá de jugar un papel decisivo en el aprendizaje por imitación, lo juegan también en la empatía: «Parecen poseer un papel fundamental a la hora de interactuar socialmente ayudándonos a entender los objetivos y emociones de las otras personas... Las neuronas espejo constituyen la base para saber al instante lo que quiere la otra persona, que emoción está sintiendo y como la experimenta».

Los lazos que se crean durante esta etapa son muy importantes para el resto de nuestra vida, pero mal vividos pueden influenciar en negativo las decisiones y los comportamientos hasta el punto de empujar a los jóvenes a asumir comportamientos "peligrosos y temerarios" sólo para obtener la aprobación de los demás.

La mayor parte de los adolescentes (a menos que no haya de por medio una fuerte educación cristiana) toman decisiones no en base a lo que es justo, sino a lo que te da una gratificación inmediata. Esto puede llevarlos a realizar acciones muy peligrosas como tomar estupefacientes, alcohol o a meterse en las relaciones afectivas desordenadas. Los jóvenes, por si fuera poco, se sienten a menudo atraídos por el riesgo y esto se ve muy bien en el uso de redes sociales donde compiten por colgar vídeos de sí mismos realizando hazañas peligrosísimas como medio de auto gratificación.

También son particularmente emotivos y es muy fácil que tiendan a la agresividad y la impulsividad al no tener un sistema de freno todavía desarrollado. He leído estudios que evidencian como la corteza prefrontal permite realizar un juicio y tomar una decisión evaluando el balance costes/beneficios, pero en el adolescente esta área cerebral está todavía en fase de construcción. Debido a esto, en su ánimo la acción se impone a la reflexión.

El adolescente tiene la sensación de dominar el mundo. El placer del riesgo, la conducción temeraria, el consumo de substancias estupefacientes o las relaciones con "malas influencias" les resultan muy atrayentes. Una droga ingerida por curiosidad, por la necesidad de aceptación y reconocimiento, por impulsividad o por una mera búsqueda de emociones fuertes, provoca en su cerebro un pico de dopamina de una cantidad considerable. Como son todavía cerebros muy frágiles y vulnerables, todo esto los predispone a desarrollar dependencia.

Un fuerte aliado de los padres puede ser el deporte que ayuda a los jóvenes a activar un sistema de recompensas cerebrales, a desarrollar las funciones cognitivas y ejecutivas, a reforzar la voluntad y las virtudes de la fortaleza y la constancia o a involucrarlo en relaciones constructivas.

Pero, sobre todo, es necesario que nos liberemos del peso de una visión de la vida sin fe, centrada en nosotros mismos. Es necesario un nuevo marco de razonamiento liberador, que mueva nuestras metas de lo finito a lo infinito, de nuestro "yo" a Dios. Sin nuestro Salvador Jesucristo vivimos encerrados en el espacio del mundo material y psicológico.

Los motivadores nos enseñan a pensar en positivo, pero ¿cómo podemos hacerlo si cada satisfacción es pasajera? ¿si cada consolación es momentánea? ¿si se cierne sobre nosotros como una nube oscura la certeza del inminente fin de nuestra vida y su completa disolución? No, gracias a Dios esta no es la realidad. La intuimos desde siempre, pero la fe nos da una certeza. Una fe que no se basa en el sentimiento, sino en los hechos concretos de la revelación.

Cualquier actividad que desarrollemos necesita un marco de razonamiento, es decir, de algunos puntos fijos a los que agarrarnos. Este marco de razonamiento con el que afrontamos las vicisitudes de la vida y en particular la educación de los hijos no puede prescindir de la fe. Creemos en Dios sumo bien, suma bondad, belleza, sabiduría, verdad, justicia, omnipotencia, misericordia... Padre, Hijo y Espíritu Santo, y en todas las verdades reveladas transmitidas por la Iglesia. Por eso sabemos que la vida es un regalo; que el amor no se impone, sino que se propone; y que a lo largo de nuestra vida estamos expuestos a muchas pruebas que nos permiten decir sí a Dios y no a todo lo que nos aleja de Él. Es así como recibimos el don de la bienaventuranza eterna en Dios.

Para lograr todo lo que hemos dicho, primero tenemos que cultivar nuestra fe. ¿Creemos que Dios quiere lo mejor para nosotros? ¿que es Él el que obra en nosotros con este objetivo en la medida en que se lo concedemos? ¿O preferimos a menudo nuestros vicios a su amor? ¿La idea de quitarnos un vicio de encima nos aterroriza porque lo vemos como si quisiésemos quitarnos de encima una parte de nosotros mismos? ¿A lo mejor no estamos convencidos de su belleza? ¿De sus maravillosas virtudes que Él mismo desea infundir personalmente en nosotros? Los filósofos paganos habían elogiado las virtudes humanas y la oportunidad que tenemos para no convertirnos en esclavos de las pasiones. Entonces, ¿cómo es que nosotros que tenemos el privilegio de la fe no percibimos lo sublime que es nuestra llamada a participar en la vida divina? ¿Por qué no deseamos alejarnos de todo aquello que nos aleja del verdadero tesoro? Una vez que estamos convencidos de la belleza de la meta sólo nos queda jugar nuestros medios para llegar a ella.

Los padres reciben una tarea preciosa y difícil. Del mismo modo que recurren a los medios materiales para lograr el bienestar de sus hijos, tienen también el deber de recurrir a los medios sobrenaturales concedidos por el Señor directamente en la oración o indirectamente en los sacramentos para lograr su bienestar sobrenatural.

Hay que entender entonces que, al igual que el derecho civil otorga a los padres prerrogativas con respecto a los hijos menores, en el plano espiritual son los padres los responsables de preservar la salud espiritual de sus hijos. A ninguno se le ocurriría nunca no preocuparse de la salud física de sus hijos para no interferir con su libertad. Del mismo modo, no tenemos derecho de privarlos del cuidado necesario para su alma con la transmisión de la fe, la enseñanza de la oración y la administración del bautismo y de los otros sacramentos de la iniciación cristiana. Es un deber que desarrollan por su bien, por ejemplo, similar al deber de apuntarlos en la escuela.

Hace poco una madre desesperada vino a mi pidiéndome ayuda porque sus dos hijas de 12 y 14 años no quiere ir más a Misa los domingos. Me contó que había pedido consejo a un sacerdote que le había respondido que no tenía que forzarla a ir. Por lo que a mí respecta, le sugerí que profundizase en las promesas bautismales y reflexionase sobre el hecho de que ella y su marido tienen la obligación ante Dios de cultivar la fe en familia y que es su deber llevarlas a Misa, quieran o no, y confiar más en la omnipotencia divina.

Sabemos que el sacramento de la Eucaristía actúa *ex opere operato*, es decir, actúa siempre porque es Jesucristo, verdadero Dios y hombre, el que obra y lo hace independientemente de quien celebre o participe. Desde luego lo ideal es que ambos estén predispuestos, es decir, estén en gracia de Dios, y así obtendrán los mejores frutos del sacramento. Pero aunque no fuesen bien dispuestos –por ejemplo, guardando algún apego al pecado– la gracia del sacramento obrará en la persona y poco a poco la transformará destruyendo todas las malas disposiciones. Así que, quién de nosotros puede saber cómo actuará la gracia de Dios en esas chicas... A demás, en este caso la fe de los padres suple la falta de fe de las hijas que podrán decidir cuando sean mayores de edad si continúan o no yendo a Misa.

Profundicemos en nuestra fe, aumentemos nuestro deseo de Dios, nuestra meta, y con su ayuda y gracias a los frutos del sacramento del matrimonio seremos capaces de sacar lo mejor de nosotros en la educación de nuestros hijos. Si las cosas no van bien, no nos desanimemos y pongamos todo en las manos del Señor. Y no nos olvidemos de decirles algún que otro "no" claro y firme.

Los adolescentes buscan modelos de comportamiento y héroes con los que identificarse. Desde hace décadas impera lo *star system* que nos propone héroes y divos del cine, del deporte y de la música. En los últimos años sobre todo de las redes sociales. Los chicos –sin saberlo– entran en un mecanismo de identificación y al mismo tiempo de proyección. Sin duda, los famosos y sus fans son, cada uno con distintos papeles, un importante factor impulsador del éxito de películas, canciones o deportes. Pero detengámonos un momento. Consideremos el estilo de vida y los ejemplos de humanidad que consumen nuestros jóvenes.

A menudo los modelos de comportamiento vehiculados o exaltados por estos famosos son la vida disoluta, la droga, la rebelión o el sexo.

Como padres y educadores tenemos la responsabilidad de proponerles a los verdaderos famosos, los santos. La tradición viva de la Iglesia nos enseña a mirar por encima de todo a la vida de Jesús y después a la de los santos para aprender cómo vivir bien.

Pero nosotros, que decimos ser creyentes, ¿pensamos de verdad que la vida de Jesús y la de los santos es una vida completamente lograda? Y, entonces, si creemos que es así, ¿por qué no la proponemos?

40. ¿Es el matrimonio importante en el proceso educativo?

¿Consideráis que el matrimonio es importante en el proceso educativo?

Pues lo que Dios ha unido, que no lo separe el hombre (*Mt* 19,6). Esta expresión alude a una invención revolucionaria. Dios, al crear al hombre y a la mujer, quiso elevar el matrimonio a la dignidad de sacramento llevándolo a la categoría de sobrenatural e incluso haciendo que toque la vida eterna. Unió los espesos a la creación, es decir, los volvió sus colaboradores personales. Esto es lo importante. Si no admitimos esto es muy fácil entender todas las separaciones que destruyen a la familia. Al reducir el sacramento a un simple contrato, a una mera convicción humana, transitoria y sujeta a las cambiantes opiniones y sentimientos; no podíamos esperar otro resultado. Pero en nuestra sociedad líquida, abandonadas las ataduras de las convicciones sociales, si no se permanece unido a un principio unificador y eficaz superior al hombre que viene de Dios, es imposible resistir a las fuerzas que nunca antes habían arrasado con tanto ímpetu a la familia.

En la opinión de muchos el matrimonio ha sido vaciado de su significado más profundo que no es otro que su sacramentalidad, es decir, la acción directa de Cristo por los esposos. Esta produce la vida divina y la gracia santificante en su vida directa, inmediata y personal. Los dos esposos son ministros de este sacramento y están en contacto directo, inmediato y personal con la Santa Trinidad. Esta es la relación que ha querido establecer la Santísima Trinidad. Es el mismo Jesús el que nos explica la sacramentalidad del matrimonio.

Sacramento, es decir, relación entre hombre y mujer en términos de sobrenaturalidad, en términos de la gracia que debe administrarse. El matrimonio sigue adelante en base a esta prospectiva, es decir como administración del sacramento. Aquí administración significa el uso del sacramento, y cada vez que esto no ocurre se comete un pecado de omisión, porque un sacramento debe ser usado y administrado según los fines de Dios. Estos no son otros que la santidad de la pareja, el crecimiento en el amor mutuo y la generación de los hijos.

Al igual que el sacramento de la ordenación, el del matrimonio es un sacramento social. Significa que la comunión entre dos esposos tiene una repercusión positiva en ambos y también en la Iglesia. Pero sobre todo repercute en la generación de los hijos. Con ella se colabora con la permanencia, continuidad y riqueza del género humano. Por tanto, los esposos no pueden abstenerse del uso del matrimonio porque si no estarían faltando a su deber de procrear, tal como el Señor lo quiere para el género humano.

Aquí entra en juego el mismo género humano, la misma creación. Es necesario que los esposos entren en esta mentalidad, acordarse de que está en sus manos el patrimonio de la gracia que hay que administrar aumentándola, enriqueciéndola y haciéndola circular en la familia. También tienen el bien de la generación humana.

Pues lo que Dios ha unido, que no lo separe el hombre (*Mt* 19,6): aquí entra en juego la gracia por el bien del género humano. Jesús podía haber buscado cualquier otro sistema para asumir la naturaleza humana al encarnarse. Pero lo buscó en la forma más común, la familia. Quiso formar parte de una familia humana. Pensemos que cuando Dios en su Trinidad creó al ser racional, lo creó como hombre y mujer para que se ayudasen y viviesen el mismo amor a Dios. Esta comunión de vida está consagrada y bendita por el mismo Dios. En la plenitud de los tiempos Jesús eleva el matrimonio a la dignidad de sacramento, es decir, signo y acción que produce la gracia santificante. Por tanto, la gracia es el tejido, la substancia, la esencia, el por qué y el motivo último de la familia. Es el cemento que la une, el motivo de su existencia. Si no hay gracia, no puede haber familia. Por ello es necesario que la familia constituida en el sacramento permanezca en estado de gracia, la cual representa en el programa de Dios y en palabras de Cristo la esencia del matrimonio.

Para nuestra fe el matrimonio se fundamenta en la gracia de Dios y es fuente de gracia en el curso de la vida. Por ello, es necesario que esta sea el tejido de la convivencia matrimonial. El matrimonio no permite que el pecado mortal entre en la casa de los esposos cristianos. Al ser un sacramento, el matrimonio vuelve la casa una microiglesia. En consecuencia, podemos afirmar que todo pecado mortal cometido en el seno de una familia es un sacrilegio. Es necesario que en el momento en que uno de los miembros sienta que no está en gracia, diga "señor, me arrepiento por lo que he hecho contra ti" y se proponga confesarse lo antes posible en función de sus posibilidades. De esto último se desprende que la gracia viene a constituir el núcleo de la familia cristiana. La santa Familia de Nazaret es santa porque èsta reinaba entre ellos. Imitarla es proponerse vivir constantemente en la gracia santificante.

Sor Lucía de Fátima profetizó: «Llegará un momento donde la batalla decisiva entre el Reino de Cristo y Satanás se librará en el matrimonio y la familia». La santa Familia nos entrega al mismo Jesús que se da a nosotros en el pan y el vino consagrados. Guía a los hombres a acogerlo en sus familias y a hacerlo nacer en sus corazones. La virgen María "lo envolvió en pañales" nada más nacer. Su maternidad se hizo patente al instante al quererlo proteger del frío. Ese gesto todavía nos anima a querer cuidar así del Niño Jesús y también de nuestros niños.

Ya hemos hablado un poco de nuestro peregrinaje a Barcelona. Ahora me estoy acordando de él en relación con la Sagrada Familia. Carlo se quedó atónito cuando vio la basílica ideada por Guadí. No sólo por su belleza arquitectónica, sino también por lo que quería decir: en un momento de gran crisis para la familia, la obra de Gaudí representa una respuesta divina contra tanta devastación. Mientras la sociedad ya no es capaz de comprender su valor y la destruye, Gaudí la reconstruye metafóricamente a través de la Sagrada Familia. Estaba convencido de que la originalidad del hombre consiste en volver siempre a los orígenes, es decir, a Dios, a la creación de la que el hombre y la mujer son los protagonistas. La Familia de Nazaret es el ejemplo perfecto de cooperación con la obra de la creación y la redención a través de un abandono total a la voluntad divina.

41. ¿Tenéis un modelo educativo particular que os ha inspirado?

¿Tenéis un modelo educativo particular que os haya inspirado?
Todo modelo educativo debería permitirnos a cada uno de nosotros actuar en conformidad con el destino sobrenatural al que estamos llamados, que es a la vez el fin último hacia el que deberían tender todas nuestras actividades. «Respice finem», es decir, «mira el final».

Los medios sobrenaturales son sobre todo los sacramentos, la oración, la Palabra de Dios y, en particular, la santa Misa y la adoración eucarística. La tradición ascética apostólica establece como objetivo ayudar a las almas a ser más semejantes a Dios. En cada cosa que hagamos tenemos que considerar el fin que pretendemos alcanzar. Para nosotros educar a un joven cristianamente significa ayudarlo a volverse más y más "conforme Cristo".

Vivimos en el estado de naturaleza caída y reparada, «in statu naturae lapsae et per Christum reparatae». Esta "conformización" según Cristo implica un esfuerzo de reforma si tenemos en cuenta el pecado original que deformó la imagen de Jesús en nosotros. Pero gracias al bautismo se nos dio de nuevo la vida divina, que no es sino la gracia santificante. Es decir, nos introduce a ser hijos adoptivos de Dios a imagen de Cristo que es Hijo Unigénito. Sin embargo, permanecen en nuestro interior debilidades, fragilidades y heridas que sólo una vida virtuosa podrá curar y eliminar. La educación de los padres tiene que ayudarnos a poner en práctica esta reforma del niño "deformado" por el viejo Adán y la vieja Eva para "conformizarlo" según el nuevo Adán que es Cristo y la nueva Eva que es María Santísima.

Cuanto antes comencemos esta vida de reforma, mejor, porque como decía don Bosco, si el árbol crece torcido, difícilmente lo podrás enderezar luego. Lo importante es que ayudemos a nuestros hijos a volverse "conforme Cristo" tanto interior como exteriormente y a que desarrollen una relación de amistad y confianza total con Él. Dios nos ha destinado a ser a imagen y semejanza de su Hijo. Al ser nuestro destino sobrenatural, también la educación que el Señor se espera de nosotros tendrá que utilizar medios sobrenaturales. Se tiene que servir sobre todo de la gracia santificante que se recibe principalmente a través de los sacramentos. Sin la gracia de Cristo todos nuestros esfuerzos y medios naturales quedan en agua de borrajas. El mismo Jesús nos dice: *Permaneced en mí, y yo en vosotros. Como el sarmiento no puede dar fruto por sí, si no permanece en la vid, así tampoco vosotros, si no permanecéis en mí. 5Yo soy la vid, vosotros los sarmientos; el que permanece en mí y yo en él, ese da fruto abundante; porque sin mí no podéis hacer nada* (*Jn* 15,4-5).

El método pedagógico seguido por don Orión, gran educador y discípulo de san Juan Bosco, puede sernos de ayuda. Don Orión lo llamaba "método cristiano-paterno". En todo hombre veía y servía a Cristo. Antes de ayudar a la persona necesitada, intentaba por encima de todo contemplar en ella la imagen de Dios, de modo que el amor a la persona-hijo de Dios y el culto a Dios-Padre ya no tienen límites tan claros y separados, sino que se implican y refuerzan mutuamente. Para él es necesario ayudar a desarrollar en cada persona esa "presencia divina". Este debería ser el motivo y el fin que moviese a todos los padres y educadores.

Miguel Ángel contemplaba en la mole de mármol informe las obras que deseaba realizar. Su acción de escultor consistía en el "sacar fuera" el personaje que quería que emergiese. Todas las acciones educativas necesitan contemplar siempre el Sumo Bien que debe ser la única inspiración. Don Orión experimentó y desarrolló este particular enfoque pedagógico cristiano-paterno reelaborando el método preventivo de don Bosco que yo conocí cuando de adolescente frecuentaba los Salesianos.

Una de sus indicaciones fundamentales consiste en "cuidar". Recomendaba siempre: «Ámalos en el Señor como hermanos tuyos; cuida de su salud, de su instrucción y de su bienestar. Hazles sentir que de verdad te interesa que crezcan [...]. No hay terreno ingrato y estéril que no acabe dando fruto por medio de una larga paciencia. Así es el hombre». Los paradigmas de don Orión eran la Sagrada Familia y todas las demás que se inspiraron en ella con sus actitudes humanas, espirituales y prácticas.

42. ¿Podéis sugerir algún consejo para educar a los jóvenes cristianamente?

Ahora que ya estamos acabando esta entrevista, ¿podéis sugerir algún consejo para educar a los jóvenes cristianamente?

Con mucho gusto. Remitimos a nuestra experiencia. Este es un breve resumen, evidentemente no exhaustivo, pero sí proactivo.

Como padres nos esforzamos por adoptar comportamientos coherentes con nuestra fe, es decir, damos ejemplo antes con el comportamiento que con la palabra. La verdadera atracción de los hijos a la fe ocurre por atracción y no por la fuerza. Si no deseamos ser santos, si estamos muy apegados a nuestros compromisos, ¿con qué autoridad pediremos a nuestros hijos una coherencia de vida? Ser cristianos significa que el prójimo debe ver en nosotros un reflejo de Jesús.

Si nos equivocamos, tendremos que admitir nuestros errores. No tenemos que poner excusas. Todos estamos en camino hacia la misma meta, padres e hijos, y todos tenemos nuestras fragilidades. Lo más importante es que no estemos apegados a nuestros vicios y defectos, sino que deseemos crecer en la virtud.

Hagamos sentir a nuestros hijos la experiencia de ser comprendidos y amados sin tener en cuenta los errores que puedan cometer. Así se sentirán dentro del círculo del amor conyugal.

Los padres, ya estén más o menos unidos, no deben hablar mal de su pareja y tienen que acostumbrarse a disculparse por sus faltas de respeto.

Recemos todos los días junto a nuestros hijos. La familia que reza junta permanece junta. Entrenémonos en la oración para desear lo que decimos con palabras, porque gran parte de la oración es un entrenamiento para que el deseo este siempre dirigido a Dios. Invitémoslo también a la oración personal desde que nos levantamos por la mañana. Un buen momento para rezar todos juntos puede ser antes de acostarse, dedicando también tiempo a un examen de consciencia, un agradecimiento a Dios por lo que nos ha dado durante el día y una oración por alguna intención especial. Encontremos también la manera de recitar el rosario todos los días y si es posible juntos. Son muchas las gracias que Nuestra Señora ha prometido a favor de quienes lo recitan con devoción. Si se acostumbran desde pequeños, los niños lo rezarán sin rechistar. Por ejemplo, los viajes en coche pueden ser un momento muy oportuno. Además, la liturgia de las horas rezada en familia puede ser otro momento de gran gracia.

Leamos la Palabra de Dios junto a ellos. No podemos afrontar los desafíos de la vida sin una brújula. La Palabra nos interpela, nos guía, nos hace movernos, nos sana, nos libra de la esclavitud del mundo, nos ayuda a ver las cosas según la óptica divina.

Vayamos juntos a Misa los domingos, en las otras fiestas de guardar y si es posible también entre semana. Tengamos confianza en la potencia sanadora y liberadora de Dios que opera a través de los sacramentos. Aunque a veces los hijos vayan a la iglesia obligados, la fe de los padres compensa la que les falta a ellos. Todas nuestras estrategias educativas sirven de poco sin la gracia de Dios. Tenemos que permanecer firmes en la obligación de la Misa festiva, pero con firmeza dulce. Si es posible, hay que intentar pararse un poco delante del Santísimo Sacramento para adorarlo.

Confesémonos todos todas las semanas o si no es posible al menos todos los meses. Es muy importante que nos acordemos de confesar las faltas leves que, sin embargo, son un gran impedimento espiritual a la hora de alcanzar las virtudes. Son grandes las gracias que recibimos en una confesión bien hecha.

Si es posible comamos juntos al menos una o dos veces al día, sin televisión ni teléfonos. Son momentos propicios para estar juntos. Hay que acompañarlos con una oración de acción de gracias porque todas las cosas buenas que recibimos, incluso cuando son fruto de nuestro trabajo, las tenemos que entender como directamente recibidas de Dios.

Regañemos a nuestros hijos evitando rudezas e intentemos compensar lo antes posible eventuales asperezas con pequeños gestos de afecto como un beso sincero.

Apliquemos el método preventivo de don Bosco. Escuchemos sus palabras: «Dos son los sistemas usados en todo tiempo en la educación de la juventud: preventivo y represivo. El sistema represivo consiste en dar a conocer las leyes a los súbditos, después vigilar para conocer a sus transgresores y aplicar el castigo merecido, cuando sea necesario [...]. Diverso y, diría, opuesto, es el sistema preventivo. Consiste en dar a conocer las prescripciones y los reglamentos de un Instituto y después vigilar de tal manera que los alumnos tengan siempre sobre ellos el ojo vigilante del director o de los asistentes, los cuales, como padres amorosos, hablen, sirvan de guía en toda circunstancia, den consejos y corrijan amablemente, lo que equivale a decir: poner a los alumnos en la imposibilidad de cometer faltas. Este sistema se apoya por entero en la razón, en la religión y en la amabilidad...". Por tanto, haced conoced a los hijos las reglas que se deben respetar y mantened siempre una presencia adulta. Las excepciones tienen que ser excepciones, pero los caprichos no son la ocasión para hacer una excepción.

Reforcemos el mensaje de la Palabra de Dios leyendo o escuchando catequesis, historias de santos, de las apariciones marianas reconocidas por la Iglesia o de los milagros reconocidos empezando por los eucarísticos. Dediquemos tiempo a consolidar la fe de la familia acogiendo con alegría los signos que el Señor nos ha querido enviar. Acostumbremos a nuestros hijos para que amen el perfume del Paraíso.

En las conversaciones recordémosles cuando sea oportuno el orden de la prioridad, es decir qué es más y qué es menos importante. Lo que cuenta es la belleza del alma, no la apariencia exterior. El éxito en la vida se mide sólo con el nivel de caridad que seamos capaces de alcanzar.

Eliminemos frases como "lo importante es que te diviertas" o "lo importante es la salud" o cualquier discurso que les haga creer que lo que importa es tener éxito en la vida (desde el punto de vista del mundo, por supuesto). Todo esto implica que quien no lo alcance debe ser considerado un fracasado. En vez de esto enseñémosles la belleza de esforzarnos en hacer las cosas bien por amor de Dios. La mentalidad del mundo se presenta como juez implacable que mide rendimiento físico, inteligencia, riqueza o éxito en cualquier cosa material. Pero son pocos los que destacan por encima de la masa en alguna disciplina. Se dice que querer es poder, pero depende también de las circunstancias que para muchas personas se presentan objetivamente como obstáculos insalvables que les impiden realizar sus deseos materiales. Sin embargo, cuando nuestro Creador nos pide amar y mide nuestro éxito en base a la caridad, nos impone algo que está al alcance de cualquiera por el simple hecho de que la santificación no es un proceso de adicción sino de substracción: Menos "yo" para dejar más espacio a Dios (a Carlo le encantaba decirlo así). Una vida exitosa es una vida en la que se consigue poner a Dios siempre en el primer puesto. Realizar este objetivo supondrá un gran esfuerzo de nuestra parte para combatir los vicios que nos impiden crecer en las virtudes.

Planifiquemos etapas durante los viajes para visitar santuarios, sobre todo aquellos en los que la Virgen María haya querido dejar un signo de purificación, por ejemplo, las aguas milagrosas de Lourdes, Caravaggio o Collevalenza. Serán momentos de conversión para toda la familia que nos recuerden la importancia del bautismo que hemos recibido. Si visitamos una iglesia, es necesario que nos paremos delante del sagrario, donde está indicada con una vela encendida la presencia de Jesús en la Eucaristía, para dar gracias a Dios y adorarlo.

Entrenemos a los hijos en la caridad incentivándolos a hacer pequeños gestos gratuitos dentro y fuera de la familia.

Entrenémonos también en la templanza dando ejemplo en la moderación con la comida y de los pequeños placeres que nos podemos conceder. Enseñémosles la diferencia entre sentimiento (lo que siento) y voluntad (lo que quiero, lo que deseo de verdad). Sentirse atraído es distinto de querer. Tenemos que dar cuenta de lo que queremos, no de lo sentimos y para ello hay que evitar las situaciones que nos hagan sentir atraídos hacia algo que no queremos.

Purifiquemos nuestro lenguaje eliminando palabras indecentes y discursos groseros y riñamos a los hijos cuando digan algo inadecuado antes de que se vuelva una costumbre. No existe un momento para hablar con decencia y otro en el que nos podamos permitir no hacerlo. Los cristianos no están llamados a ser personas divididas en sí mismas, sino a estar unidas entorno a un único principio vivificante y liberador: el Amor de Dios.

Preservemos su pureza protegiéndoles de todas las imágenes impuras que inundan nuestra vida. Para ello empecemos limitando la televisión y dando ejemplo. Si no queremos que nos pique un escorpión tenemos que alejarnos. Pero sobre todo pongamos especial atención a la pornografía, un verdadero veneno espiritual.

Invitemos a los niños a preservar el sentido del pudor. Un vestido bonito debe ante todo vestir. La belleza de una persona reside en el alma que debe brillar a través del rostro, no de las formas del cuerpo. Además, la sociedad moderna afirma estar fundada en la libertad. Bien, pues entonces nosotros también somos libres de no seguir modas que ofendan a Dios. En las apariciones de Fátima la Virgen advirtió que llegarían modas que ofenderían mucho a nuestro Señor.

Recordemos la gran dignidad del ser humano creado a imagen y semejanza de Dios.

Pongamos límites a algunas actividades: televisión, video-juegos, teléfonos, etc. Carlo se limitaba a una hora de video-juegos a la semana. En su lugar incentivemos la lectura de libros sanos o actividades manuales, por ejemplo, ayudándonos en las tareas de casa o con sanas actividades deportivas.

Enseñémosles a dar gracias a Dios y al prójimo y a no lamentarnos. Hay que ofrecer las dificultades de la vida a Dios sin resentimientos. Enseñémosles también a cargar con nuestra cruz a imitación de Jesús y a ofrecerla a Dios que le hará dar frutos por la santificación del mundo.

Enseñémosles a no criticar al prójimo porque no podemos afirmar que somos mejores. La soberbia es el origen de todos los males.

Las puntuales broncas que podemos tener se tienen que concluir siempre con un "perdón" mutuo. Recordemos a nuestros hijos el compromiso de perdonar en cada Padre Nuestro. No perdonar es un cáncer que mata el alma por asfixia, por falta de amor.

Saquemos el tiempo necesario para desempeñar bien nuestra tarea de padres. Cuando falta el tiempo para hacer todo esto es porque quizás no hemos puesto a Dios en el primer lugar. Entrenémonos en hacer renuncias y liberémonos de todo apego que nos mantenga en la esclavitud, de todo apego que prefiramos antes que Dios. Él sólo quiere nuestro bien y obra con dulzura en la libertad. No apartemos nuestra mirada de Él y de sus inspiraciones y todo tomará el mejor rumbo posible. Si caemos o nos encontramos en dificultades, dirijámonos a Él con confianza. Entrenémonos para reconocer todo lo que Dios ya nos ha dado y para pedir todo lo que necesitamos. El hombre feliz es el hombre que sabe a ciencia cierta que puede obtener lo que desea. Por ello, entrenémonos para desear a Dios y Él mismo nos colmará de bienes. Es su promesa.

Los autores

Antonia Salzano, nacida en Roma en 1966, y Andrea Acutis, nacido en Torino en 1964 son los padres del beato Carlo Acutis.

Giorgio María Carbone nació en Nápoles en 1969 y es un fraile dominico y sacerdote. Es también autor de *¿Originales o fotocopias?,* Edizioni Studio Domenicano, Bolonia 2021, publicado en español por la editorial EDIBESA en 2025, en el que recoge y comenta todas las frases de Carlo Acutis referidas por los testimonios del proceso canónico promovido por la Archidiócesis de Milán para su beatificación.

Itinerarios de fe

Salzano A. – Acutis a., *Trasmettere la fede alla scuola di nostro figlio Carlo Acutis*

Botta M., *Famiglia... basta la parola? Viaggio inusuale tra affetti e legami familiari*

Calandrino G., *Gli ultimi giorni di Fetonte quinto pianeta del sistema solare*

Botta M., *Le domande piccole dei grandi. Vivere la fede oltre i luoghi comuni*

Biffi G., *La festa della fatica umana. Omelie del Primo Maggio*

Botta M., *Ritorna il Re. La libertà del vero e la dittatura del Politically Correct*

Acutis C. – Carbone g. M., *Originali o fotocopie? «Tutti nasciamo come degli originali, ma molti di noi muoiono come fotocopie»*

Biffi G., *Stilli come rugiada il mio dire. Omelie del Tempo Ordinario Anno B, 2a ed.*

Barzaghi G., *La Somma Teologica di san Tommaso d'Aquino in un soffio, 2a ed.*

Biffi G., *Stilli come rugiada il mio dire. Omelie del Tempo Ordinario Anno A, 2a ed.*

Testi A., *Giacomo Biffi. L'altro Cardinale*

Botta M., *Nasi lunghi gambe corte. Viaggio tra pulsioni e sentimenti di ogni tempo*

Fortini V., *Santi, insieme nell'amore. Riflessioni per la famiglia*

Pederzini N., *Voglia di paradiso, 7a ed.*

Botta M., *Uomini e donne*

Bernadot V. M., *Dall'Eucaristia alla Trinità, 3a ed.*

Pederzini N., *Il sorriso*

Caffarra C., *Prediche corte tagliatelle lunghe. Spunti per l'anima*

Botta M., *Sto benissimo. Soffro molto. La Chiesa e le passioni*

Biffi G., *Spiragli su Gesù*

Pederzini n., *Coraggio! Come alimentare e condividere la speranza*

Mazzoni T., *Il bello della vita. Di carrube, briciole e banchetto nuziale*

Botta M., *Sceglierà lui da grande. La fede nuoce gravemente alla salute?*

Fortini V., *Costruire l'amore. L'esperienza umana, vol. 1*

Fortini V., *Costruire l'amore. Il disegno di Dio, vol. 2*

Pederzini N., *La Messa è tutto! Rito e contenuti essenziali*

Biffi G., *Stilli come rugiada il mio dire. Omelie del Tempo Ordinario (Anno A, B, C)*

Barileri., *Il Rosario*

Pederzini N., *Vivere bene. Una conquista, un'arte, 2a ed.*

Meloni S., Istituto San Clemente, *I Miracoli Eucaristici e le radici cristiane dell'Europa, 3a ed.*

Schönborn C., *Gesù Maestro. Scuola di vita*

Coggi R., *Piccolo catechismo eucaristico, 4a ed.*

Pederzini N., *Benedetti, benediciamo. Celebriamo la speranza*

Paneri., *Il Credo parola per parola. Spunti per la riflessione e per la catechesi*

Benetollo V., Istituto San Clemente, *Piccolo catechismo sul sacramento della penitenza*

Pederzini N., *Una carezza ravviva l'amore. La dolce forza della tenerezza*

Bonaparte N., *Conversazioni sul cristianesimo. Ragionare nella fede*

PEDERZINI N., *Sposarsi è bello!*, 6a ed.

PEDERZINI N., *Gli angeli camminano con noi*

BIFFI G., *L'ABC della fede. Proposta sintetica per l'Anno della fede*, 3a ed.

PEDERZINI N., *Mettere ordine*, 19a ed.

SCHÖNBORN C., *Sulla felicità. Meditazioni per i giovani*

BIFFI G., *La fortuna di appartenergli. Lettera confidenziale ai credenti*, 2a ed.

PEDERZINI N., *Làsciati amare*, 9a ed.

PEDERZINI N., *La solitudine*

PEDERZINI N., *Stai con me*, 4a ed.

SCHÖNBORN C., *Abbiamo ottenuto misericordia. Il mistero della Divina Misericordia*

MASTROSERIO N., *Il giubileo*

CAVALCOLI G., *La buona battaglia*

PEDERZINI N., *Ave Maria*, 3a ed.

CARPIN A., *La catechesi sulla penitenza e la comunione eucaristica*

COSTA R., COSTA G., *Lascerà suo padre e sua madre*

PEDERZINI N., *La vita oltre la morte*, 6a ed.

PEDERZINI N., *Lo Spirito Santo*, 5a ed.

PEDERZINI N., *Il sacramento del perdono*, 6a ed.

PEDERZINI N., *Riscopriamo l'Eucaristia*, 5a ed.

PEDERZINI N., *Il sacramento del battesimo*, 4a ed.

BIFFI G., *L'eredità di santa Clelia*

BIFFI G., *Lo Spirito della verità. Riflessioni sull'evento pentecostale*

BIFFI G., *Incontro a colui che viene. Discorso ai giovani*

BIFFI G., *La rivincita del Crocifisso. Riflessioni sull'avvenimento pasquale*

BIFFI G., *Il quinto evangelo*, 11a ed.

Las Flechas

Claverie P., L'incontro e il dialogo. Breve trattato

Rocchi G., Licenza di uccidere. La legalizzazione dell'eutanasia in Italia

Claverie P., Un vescovo racconta l'Islam, 3a ed.

Harvey J. F., Attrazione per lo stesso sesso. Accompagnare la persona

Puccetti R., Leggende metropolitane

Barzaghi G., Diario di metafisica. Concetti e digressioni sul senso dell'essere, 2a ed.

Russo C. L., Il cuore comune. Omaggio alla vita matrimoniale

César Das Neves J., L'economia di Dio

Agnoli F., Filosofia, religione, politica in Albert Einstein

Tommaso D'aquino, La giustizia forense. Il quadro deontologico

Barzaghi G., Il fondamento teoretico della sintesi tomista. L'Exemplar

Carbone G. M., Gender, L'anello mancante?, 2a ed.

Barzaghi G., L'originario. La culla del mondo

Barzaghi G., Compendio di Storia della Filosofia, 2a ed.

Tommaso D'aquino, La virtù della prudenza

Tommaso D'aquino, La virtù della speranza

Lombardo C., Sulle Alte Vie del Tor des Géants

Carbone G. M., L'embrione umano: qualcosa o qualcuno?, 4a ed.

Schooyans M., Evoluzioni demografiche. Tra falsi miti e verità

Tommaso D'aquino, La virtù della fede

Tommaso D'aquino, La legge dell'amore. La carità e i dieci comandamenti

Puccetti R. - Carbone G. - Baldini V., Pillole che uccidono. Quello che nessuno ti dice sulla contraccezione, 2a ed.

Tommaso D'aquino, Credo. Commento al Simbolo degli apostoli

Salvioli M., Bene e male. Variazioni sul tema

Tommaso D'aquino, La preghiera cristiana. Il Padre nostro, l'Ave Maria e altre preghiere

Barzaghi G., L'intelligenza della fede. Credere per capire, sapere per credere

Arnould J., Caino e l'uomo di Neanderthal. Dio e le scienze

Barzaghi G., Lo sguardo della sofferenza

Pane R., Liturgia creativa. Presunte applicazioni della riforma liturgica

Schooyans M., Conversazioni sugli idoli della modernità

Rocchi G., Il caso Englaro. Le domande che bruciano- GABBI L., Confessioni di un ex manager. Quale etica d'impresa?

Claverie P., Un vescovo racconta l'Islam

Mazzoni A. (Ed.), Staminali. Possibilità terapeutiche

Mazzoni A. - Manfredi R., Aids esiste ancora? Storia e prevenzione

Anatrella T., Felici e sposati. Coppia, convivenza, matrimonio

Schönborn C., Sfide per la Chiesa

Pertosa A., Scelgo di morire? Eutanasia e accanimento terapeutico

Rocchi G., Il legislatore distratto. La legge sulla fecondazione artificiale

Carbone G. M., Le cellule staminali, 2a ed.

Carbone G. M., La fecondazione extracorporea, 4a ed.